MAGIA BLANCA

Magia blanca es el gran tratado que retoma las fuerzas de la naturaleza y le muestra el poder de los amuletos para el bien de sí mismo y de la humanidad.

Este arte místico le enseñará cómo utilizar su energía personal para atraer lo positivo y encontrar la armonía en el amor, en los sueños, sanar enfermedades, estar en equilibrio con el universo y sobre todo, nunca dañar a nadie ni permitir ser dañado por la magia negra.

A partir del uso apropiado de amuletos, pociones, fetiches, artes adivinatorias, etc., usted podrá lograr sus deseos siempre con el respeto a terceros y sin salir de los preceptos positivos de la *Magia blanca*.

GERINA DUNWICH

MAGIA BLANCA

SELECTOR

actualidad editorial

SELECTOR
actualidad editorial

Doctor Erazo 120   Tels.   543 70 16 - 682
Colonia Doctores   536 30 31
México 06720, D. F.

MAGIA BLANCA
The Wicca Spellbook

Traducción: Rolf Meyer
Diseño de portada: Sergio Osorio
Ilustraciones de interiores: Felipe Gomeztrejo

ISBN (inglés): 0-8065-1476-0 (pbk.)
ISBN (español): 968-403-877-1

Décima séptima reimpresión. Noviembre de 2003

Contenido

¿Qué es Wicca?

Wicca es un viaje positivo hacia la iluminación por medio de la veneración de la Diosa y el arte místico de la magia blanca. Es una religión chamánica orientada hacia la naturaleza, así como una mezcla única y excitante de lo tradicional y lo ecléctico que no busca ni convertir, ni confortar ni controlar.

A diferencia de muchas otras religiones, Wicca no afirma ser el único camino que existe y no es proselitista en contra de otras tradiciones religiosas (a pesar de que a veces, por desgracia, lo inverso sea el caso).

Wicca no es anticristiana pero desconoce la existencia del pecado, del Diablo o la existencia de un Dios juzgador y vengativo, como lo define la cristiandad.

Wicca promueve el pensamiento libre, la creatividad artística, la individualidad y el crecimiento personal, espiritual y síquico. Es una celebración del ciclo de las estaciones y de la vida. Wicca es respetar y vivir en armonía con todas las cosas vivas. Wicca es luz. Wicca es amor. Wicca es llamada el arte del sabio y es tanto antigua como nueva. Wicca es un sendero como no existe otro en el mundo.

¿Qué es la magia?

La magia es difícil de definir. El diccionario la llama el arte de personas que dicen ser capaces de hacer cosas por medio de la ayuda de poderes sobrenaturales o por medio de su personal conocimiento de los secretos de la naturaleza. Tanto la mayor parte de los partidarios de Wicca, como de los partidarios neopaganos estarían de acuerdo en que si bien la magia podría parecer sobrenatural, es un poder o una fuerza que es muy natural.

En opinión de muchas personas una primera impresión de la magia es aquella de que todo no es sino humo, viento y ruido, pero una vez que se dan la oportunidad de examinar más de cerca la cosa, encuentran que existe más de lo que es la parafernalia mágica (las herramientas utilizadas por el arte son meramente objetos que sirven al propósito de fuentes para ayudar a enfocar el poder). La magia es una maravillosa energía que se genera por medio de muchas formas (la meditación, el baile y el sexo ritual, para mencionar sólo algunos) y entonces, se dirige físicamente hacia un objetivo específico, como sería sanar una enfermedad, atraer amor o remediar una mala situación.

La magia es el uso de la voluntad para efectuar algún cambio deseado. Por lo tanto, cualquier ser humano con amplitud mental que posea la habilidad para enfocar y concentrar su voluntad, es capaz de trabajar la magia con éxito. Algunas personas requieren de práctica frecuente para lograr que se afinen sus habilidades mágicas, en tanto que otras están benditas con mayores aptitudes naturales para ella.

La magia es un estado mental y un don entregado por la Diosa que tiene un papel de importancia en la religión Wicca. Es el contacto que tiene la hechicera blanca con lo divino. Es la oración de la hechicera blanca.

De la misma manera como existen diversas maneras para definir a la magia, también existen formas distintas para percibirla. La magia está en todo nuestro derredor y dentro de nosotros. La magia irradia desde todas las cosas que viven y mueren. Puede sentirse en la primera respiración de un bebé y en el cambio de las estaciones. Es una parte de la Tierra, del misterioso Océano y de los cielos iluminados con estrellas que están por encima de nosotros. Existe magia en el amor y hay magia en los sueños. Puede encontrarse en una colina llena de flores silvestres que bailan en la brisa bañada por el sol, en la fresca sombra de algún bosquecillo encantado y silencioso, así como también en las líneas escritas de un bello poema. Todo lo que se requiere es abrir el corazón.

QUE NO DAÑE A NADIE, AMOR,

Y HAZ LO QUE DESEAS.

Lema de la religión Wicca

El grimorio
de Gerina

Que no dañe a nadie,
y haz lo que deseas

En estas sencillas palabras se resume el lema wiccano, o la religión Wicca. Más sencillamente, es: siéntase en libertad de practicar las artes de la magia, desarrolle y utilice sus poderes síquicos y haga lo que desee, a condición de que el resultado no cause daño a nadie.

Es un imperativo mantener presente el lema wiccano antes de realizar cualquier ritual o hechizo mágico, en especial para realizar aquellos que puedan considerarse faltos de ética o de naturaleza manipuladora.

Si viola el lema wiccano (incluso sin intención), de manera instantánea un mal karma regresará en contra suya, lo crea o no.

Existe mucha verdad en el dicho inglés *"What goes around, comes around"* (lo que sucede en derredor regresa a ti), por lo que deberá tenerse mucho cuidado y pensarlo dos veces, antes de utilizar la magia o los poderes síquicos para vengarse de un enemigo. Ocúpese siempre de problemas utilizando la energía mágica positiva y no concentrarse en la negativa.

Si deliberadamente daña o manipula a otra persona con magia negra u otra forma de maldad, pagará por ello recibiendo el triple del mal deseado.

Por la misma razón, siempre que haga algo positivo o bueno (como aliviar o lanzar un hechizo de ayuda a otros), tendrá por resultado un karma bueno con triple fuerza que regrese a usted.

Esta ley de la retribución del karma se conoce como *Ley de lo Triple* (o *Ley de los Tres*) y la he visto en funcionamiento muchas veces, incluso en personas que pensaron en cierto momento que el karma instantáneo sólo era el título de una canción.

Si siente que es necesario, por favor, siéntase en libertad para realizar cambios o adiciones menores en cualquier hechizo que se acomode a sus necesidades individuales (hierbas, aceites, incienso, etc., pueden sustituirse por otros materiales, siempre que las propiedades mágicas se mantengan iguales. Sin embargo, no cambie la fase lunar en la que el hechizo se ha de realizar o los resultados del mismo se verán alterados).

Después de realizar un hechizo o un ritual mágico, siempre doy gracias a la Diosa y a su consorte por su divina presencia y protección. Esto lo hago seguir generalmente por un ritual de meditación que relaja mucho.

La magia lunar

Para la mayoría de los practicantes de Wicca y de los partidarios neopaganos, la Luna es más que meramente un satélite natural cubierto de cráteres que gira alrededor de la Tierra y que ilumina las noches.

La Luna es portadora de augurios, a la vez que un símbolo sagrado del ciclo vital de la naturaleza hacia la muerte y al renacimiento. Representa el principio femenino, personificado por la Diosa Triple (joven, madre y anciana sabia).

La conexión existente entre la energía mística de la Luna y el arte de la sabiduría se remonta a épocas lejanas, cuando las hechiceras eran reputadas con la posesión de habilidades sobrenaturales que literalmente tiraban de la luna para bajarla del cielo y utilizarla como fuente de sus poderes mágicos.

La Luna y cada una de sus distintas fases son la parte más esencial de la magia wiccana moderna, por lo que es de extremada importancia que todos sus hechizos y rituales se realicen durante la fase lunar apropiada (realizar hechizos mágicos durante una fase lunar errónea puede proporcionar resultados opuestos o ningún resultado. Por lo tanto, tiene mucho sentido comprobar siempre cuál fase existe en el momento de realizar un hechizo, ya sea en un calendario astrológico o calendario lunar actualizado).

Todos los hechizos y rituales que atraen deben realizarse cuando la Luna está en su fase ascendente o creciente. Todos los hechizos y rituales que eliminan deben realizarse cuando la Luna está en su fase descendente o decreciente.

Todos los hechizos y rituales que implican el elemento fuego deben efectuarse cuando la Luna se encuentra en una de las tres siguientes posiciones astrológicas del fuego: Aries, Leo y Sagitario.

Todos los hechizos y rituales que requieren el elemento tierra (tal como la curación Gaia) deben realizarse cuando la Luna se encuentra en una de las tres siguientes posiciones astrológicas de la Tierra: Tauro, Virgo y Capricornio.

Todos los hechizos y rituales que incluyen el elemento aire deben realizarse cuando la Luna se encuentra en una de las tres siguientes posiciones astrológicas del aire: Gemelos, Libra y Acuario.

Todos los hechizos y rituales que implican el elemento agua deben realizarse cuando la luna se encuentra en una de las tres siguientes posiciones astrológicas del agua: Cáncer, Escorpión y Piscis.

LUNA DECRECIENTE: Está representado por el lapso que transcurre desde la luna nueva hasta llegar al primer cuarto de luna llena. Éste es el momento apropiado para realizar los rituales de curación, de magia positiva y los hechizos que aumentan el amor, la buena suerte, el crecimiento de cualquier tipo, el incremento del deseo sexual y de la riqueza.

LUNA LLENA: El lapso de la luna llena aumenta los poderes de percepción extrasensoriales y es el momento apropiado para realizar las invocaciones de la diosa lunar, los rituales de la fertilidad, las transformaciones, las conjuraciones de espíritus y los hechizos que aumentan las habilidades síquicas y los sueños proféticos. De acuerdo con el antiguo folclor europeo, el poder de la luna llena también puede transformar mágicamente al ser humano en bestia y a la bestia en ser humano.

CUARTO MENGUANTE: El lapso desde la luna llena hasta el último cuarto de la luna nueva es el momento apropiado para realizar magia destructora y hechizos que eliminan las maldiciones, los hechizos y malos deseos, para terminar malas relaciones, invertir los hechizos amorosos y afrodisiacos, romper con los malos hábitos y adicciones insalubres, desbaratar influencias negativas y disminuir las fiebres y los dolores.

LA LUNA EN ARIES es el momento ideal para lanzar hechizos que implican autoridad, liderazgo, poder de la voluntad, empeños guerreros y conversiones espirituales o el renacimiento. También es la fase lunar apropiada para realizar rituales de curación contra malestares en la cara, cabeza o cerebro. Colores tradicionales de velas: rojo, encarnado, escarlata, borgoña. Metal tradicional: hierro. Espíritus elementales: salamandras.

LA LUNA EN TAURO es el momento ideal para practicar todo tipo de magia para el amor y para lanzar hechizos referentes a bienes raíces, adquisición de tipo material y dinero. También es la fase lunar apropiada para realizar rituales de curación de malestares de la garganta, cuello u oídos. Colores tradicionales de velas: todos los tonos de verde, rosa o turquesa. Metal tradicional: cobre. Espíritus elementales: gnomos.

LA LUNA EN GÉMINIS es el momento ideal para lanzar hechizos que ayuden a la comunicación, cambios de residencia, escribir, actividades de relaciones públicas y viajes. También es la fase lunar apropiada para realizar rituales de curación para malestares en hombros, brazos, manos o pulmones. Colores tradicionales de velas: malva. Metal tradicional: mercurio. Espíritus elementales: sílfides.

La Luna en Cáncer es el momento ideal para celebrar rituales que honren a las deidades lunares y lanzar hechizos relacionados con el hogar y todos los aspectos de la vida en familia. También es la fase lunar apropiada para realizar rituales de curación para malestares en el pecho o en el estómago. Colores tradicionales de velas: plateada, gris, blanca. Metal tradicional: plata. Espíritus elementales: ondinas.

La Luna en Leo es el momento ideal para lanzar hechizos que implican a la autoridad, poder sobre otros, valor, fertilidad y el nacimiento. También es la fase lunar apropiada para realizar rituales de curación contra malestares en la parte superior de la espalda, en la espina dorsal o en el corazón. Colores tradicionales de velas: dorado, amarillo, naranja. Metal tradicional: oro. Espíritus elementales: salamandras.

La Luna en Virgo es el momento ideal para lanzar hechizos que favorecen aspectos de empleo, asuntos intelectuales, la salud y preocupaciones dietéticas. También es la fase lunar apropiada en la que pueden realizarse rituales de curación para malestares en los intestinos o el sistema nervioso. Colores tradicionales de velas: azul marino, naranja óxido. Metal tradicional: mercurio. Espíritus elementales: gnomos.

La Luna en Libra es el momento ideal para

lanzar hechizos destinados a trabajos en el ámbito artístico, la justicia, pleitos en tribunales, asociaciones y uniones, la estimulación mental y el equilibrio kármico, espiritual o emocional. También es la fase lunar apropiada para realizar los rituales de curación de malestares de la parte baja de la espalda o los riñones. Colores tradicionales de velas: azul rey. Metal tradicional: cobre. Espíritus elementales: sílfides.

LA LUNA EN ESCORPIÓN es el momento ideal para lanzar hechizos que ayudan en asuntos sexuales, el poder, el crecimiento síquico, los secretos y las transformaciones fundamentales. También es la fase lunar apropiada para efectuar los rituales de curación de malestares en los genitales y órganos reproductores. Colores tradicionales de velas: rojo, negro. Metal tradicional: hierro. Espíritus elementales: ondinas.

LA LUNA EN SAGITARIO es el momento ideal para lanzar hechizos referentes a los caballos, los viajes, las publicaciones, los asuntos legales, actividades deportivas y la verdad. También es la fase lunar en la que pueden realizarse rituales de curación de malestares en el hígado, los muslos y en las caderas. Colores tradicionales de velas: púrpura, azul oscuro. Metal tradicional: estaño. Espíritus elementales: salamandras.

LA LUNA EN CAPRICORNIO es el momento

ideal para lanzar hechizos que implican la organización, la ambición, el reconocimiento, las carreras profesionales y los asuntos de política. También es la fase lunar apropiada para realizar rituales de curación de malestares en las rodillas, los huesos, los dientes o en la piel. Colores tradicionales de velas: negro, café oscuro. Metal tradicional: plomo. Espíritus elementales: gnomos.

La Luna en Acuario es el momento ideal para lanzar hechizos que implican a la ciencia, la libertad, la expresión creativa, la resolución de problemas, las habilidades extrasensoriales, la amistad y el abandono de los malos hábitos o adicciones insalubres. También es la fase lunar apropiada en la que pueden realizarse rituales de curación de malestares en las pantorrillas, los tobillos o en la sangre. Colores tradicionales de velas: azul claro. Metal tradicional: uranio. Espíritus elementales: sílfides.

La Luna en Piscis es el momento ideal para lanzar hechizos que involucren el trabajo con los sueños, la clarividencia, la telepatía, la música y las artes creativas. También es la fase lunar apropiada para realizar rituales de curación de malestares en los pies o en las glándulas linfáticas. Colores tradicionales de velas: aguamarina, lavanda. Metal tradicional: estaño. Espíritus elementales: ondinas.

El hechizo básico con velas

Tomar una vela del color apropiado (véase la lista de los colores de velas y sus correspondientes propiedades mágicas más adelante) y úntela completamente con una o dos gotas de aceite de mirra. Por medio de un alfiler recto, marcar con la punta en el costado de la vela, escribiendo el deseo en la cera y, entonces, encender la vela y dejarla que se queme hasta su consumo total. Eso es todo lo que debe hacerse. Es algo muy sencillo pero representa un hechizo muy potente.

NEGRO: Rituales de meditación, trabajo de hechizos, desbaratadores de rituales y hechizos destinados a eliminar entidades malvadas y fuerzas negativas.

AZUL: Magia que implica el honor, la lealtad, la paz, la tranquilidad, la verdad, la sabiduría, la protección durante el sueño, la proyección astral y los hechizos para inducir los sueños proféticos.

CAFÉ: Hechizos para localizar objetos perdidos, mejorar los poderes de concentración y de telepatía, así como la protección de familiares y de animales domésticos.

ORO: Hechizos que atraen el poder de las influencias cósmicas y los rituales para honrar a las deidades solares.

Gris: Hechizos para neutralizar las influencias negativas.

Verde: Hechizos que implican la fertilidad, el éxito, la buena suerte, la prosperidad, el dinero, el rejuvenecimiento y la ambición, así como los rituales para luchar en contra de la avaricia y los celos.

Naranja: Hechizos que estimulan la energía.

Rosa: Hechizos para el amor y los rituales que implican la amistad o la feminidad.

Púrpura: Manifestaciones síquicas, curaciones y hechizos que implican el poder, el éxito, la independencia y la protección del hogar.

Rojo: Ritos de fertilidad, afrodisiacos y hechizos que implican la pasión sexual, el amor, la salud, la fuerza física, la venganza, la rabia, el poder de la voluntad, el valor y el magnetismo.

Plata: Hechizos y rituales para eliminar la negatividad, estimular la estabilidad y atraer las influencias benéficas de la Diosa.

Blanco: Rituales de consagración, meditación, adivinación, exorcismo y hechizos que implican la curación, la clarividencia, la verdad, la paz, la fuerza espiritual y la energía lunar.

Amarillo: Hechizos relacionados con la confianza, la atracción, el encanto y la persuasión.

La magia del amor

HECHIZO CON FOTOGRAFÍA: Cuando la luna esté en su fase decreciente y el amor está en el ambiente, tomar una fotografía del hombre o de la mujer de quien se desea el afecto y colocarla con la imagen hacia arriba en una pequeña caja rosa (una caja de dulces o chocolates en forma de corazón de ese color es perfecta) y, luego, cubrir todo con la hierba conocida con el nombre de dedo de virgen (*polygonum persicaria*). Cubrir la caja y enterrarla en el exterior, cerca de la entrada principal de su hogar para atraer a su enamorado.

PARA HACER EL AMOR SEGURO: Tomar un mechón de cabello o algún recorte de uña de su amante o cónyuge y a la luz de una vela color de rosa con aroma de fresa, colocar el mechón o uña dentro de una manzana ahuecada, junto con otro mechón de su propio cabello y un polvo hecho con raíz de unicornio, flores de pensamientos o de nardo americano (*Aralia racemosa*). Hacer pasar la manzana ahuecada y rellena por el humo de incienso de resina frankincense (resina de árboles árabes y africanos del género Boswellia), aunado con mirra. Envolver después la manzana con una pieza de satín blanco y enterrarla en su patio (si carece de un patio, puede enterrarla en una maceta de gran tamaño, de preferencia una en la que crezca una planta regida por Venus.

PARA ATRAER AL SEXO OPUESTO: Preparar una infusión mágica con base en genciana, flor de maravilla (familia Tagetes), flor de pasión (género Passiflora), ruda (género Ruta, familia Ruta graveolens) y violetas. Deje remojar y añada una fracción de esta infusión al agua en que se bañe durante siete noches seguidas.

Para mantener fiel a su cónyuge

Existen muchos métodos mágicos sencillos pero altamente eficaces que una hechicera puede utilizar para asegurarse de que su amante o cónyuge siga siéndole fiel. Cinco de estos métodos se describen a continuación.

1. Preparar una infusión de la hierba de senna (género Cassia de la familia de las leguminosas). Déjela reposar y vierta el líquido dentro del agua del baño de su amado sin su conocimiento.
2. Rociar un poco de hierba de regaliz en polvo (*Glycyrrhiza glabra* de la familia de las leguminosas) sobre las huellas de su amante o cónyuge al caminar.

3. Humedecer una pequeña cantidad de tila (género Tilia) en la palma de su mano derecha y entonces, colocársela en la frente de su amado cuando él o ella esté dormido.

4. Colocar un ramo de maravillas o de romero en, alrededor y debajo de la cama en la que duerme su amante o cónyuge.

5. Mezclar un poco de comino en los alimentos o bebidas de su amante o cónyuge para mantenerlo fiel, en especial si prevé que estarán separados durante un largo periodo.

El hechizo de Afrodita

Para atraerse el amor de un caballero o dama en particular, realizar este hechizo un viernes por la noche, de preferencia cuando la Luna se encuentre en el signo astrológico de Tauro.

Encima de un papel color de rosa recortado en forma de corazón, escribir el nombre completo de su amado con tinta roja. Para volver el hechizo aun más poderoso, escribir su fecha de nacimiento o dibujar su símbolo astrológico debajo del nombre.

Encender una varita o cono de incienso con aroma de jazmín, hierba limón, mirra, floración de naranja, pachulí o fresa. Colocar el incienso en un recipiente que no se queme y decir:

Afrodita, Afrodita,
diosa del amor
y de la pasión poderosa,
mira desde lo alto hacia mí
y escucha mi plegaria.
concédeme un amor
que sea fiel y honesto.

Con una aguja o alfiler esterilizado, picarse la punta de su pulgar izquierdo, exprimir una gota de sangre y untarla por todo el nombre escrito en el papel.

Encender la vela votiva rosa (o bien, una pequeña vela con forma femenina o masculina, dependiendo del género de su amante deseado) encima del papel rosa recortado. Encender la vela y repetir tres veces:

Con sangre y fuego
la magia se inicia.
Ahora punzadas de deseo
queman desde adentro.

Concentrar todos sus pensamientos y energía síquica en el ser amado y decir una vez:

Late ahora por mí, oh corazón mortal,
ansía ahora por mí cuando estamos separados,
sueña conmigo en las noches iluminadas por
    la Luna,
ven a mí cuando el Sol brilla en su esplendor.
¡Que todo lo demás no valga!

Continuar concentrándose en el objeto de sus afectos hasta que el incienso y la vela terminen de quemarse solos completamente.

Hechizos de sueños para quienes se aman

Para inducir sueños proféticos acerca de un futuro amante o compañero de matrimonio, realizar cualquiera de los siguientes hechizos:

1. En una noche de Luna llena y brillante, tome la carta del mazo de Tarot conocido como Los amantes y colóquela debajo de su almohada, antes de irse a dormir.
2. Recoja nueve hojas de un acebo (pequeño árbol o matorral del género *Ilex*, utilizado en adornos navideños) en el momento en que suenen las doce campanadas de medianoche de un viernes (el viernes es el día de la semana regido por el planeta Venus, la diosa del amor).

Ponga las hojas en un pañuelo con forma triangular (deberá hacerle tres nudos) y coloque el amuleto debajo de su almohada cuando se retire a dormir (tenga cuidado de no decir ni una palabra antes del amanecer del día siguiente, de lo contrario, el poder del amuleto se romperá).

3. Un antiguo hechizo de sueños irlandés recomienda recoger diez hojas de hiedra en silencio durante la noche de Samhain. Tirar una de las hojas en un fuego y colocar las restantes debajo de la almohada antes de irse a la cama.

4. Colocar cualquiera de los siguientes amuletos debajo de su almohada: una faja o liguero que haya portado una novia en su boda, una cebolla, raíces de crisantemo (*Chrysanthemum leucanthemum*), un pedazo del pastel de bodas envuelto en satín blanco y encajes, una rama de sauce llorón (género *Populus*) amarrada con un calcetín o media suyos, o bien, dos hojas de laurel recogidas por una hechicera el Día de San Valentín.

5. Antes de dormirse, bañarse en agua mezclada con aceite de lavanda y agua de rosas. Luego, frotarse las sienes con tres gotas de la sangre de una paloma blanca. (Nota importante: La mejor forma de obtener la sangre de una

paloma blanca es encontrarla ya muerta. ¡Nunca debe matarse a una paloma! Si llega a hacerlo, la mala suerte con seguridad cruzará su camino. La mayoría de los partidarios de la religión Wicca y los neopaganos modernos están de acuerdo que no es necesario arrebatar ninguna vida en la magia blanca moderna y que es una violación del lema wiccano.)

6. Otro hechizo de sueños para amantes que requiere la sangre de una paloma blanca proviene de un tratado medieval acerca de la oniromancia (el arte y la práctica de la interpretación de los sueños): mezclar polvo de un imán y coral en polvo con la sangre de una paloma blanca para formar una masa. Encerrar esta masa en una hoja de higuera grande y envolverla en una pieza de tela azul. Luego, llevar este amuleto en una cadena de oro alrededor del cuello mientras se duerme.

Poción de amor herbácea: Añadir al vino o a los alimentos cualquiera de las siguientes hierbas para crear una poderosa poción de amor: bálsamo (resina de árboles y arbustos del género Commiphora), albahaca (*ocimum basilicum*), semillas de cárdamo (*elettaria cardamomum*) en polvo, raíz de zanahoria, canela, comino, semilla de cilantro (*anethum graveolens*), menta de Creta (*amaracus dictamnus*), semillas de fenel (*foeniculum vulgare*), granos de hierba paraíso, mejorana, raíz de iris (iris florentina), perejil.

HECHIZO DE NARANJA: Para ganarse el afecto de cierta persona, escribir su nombre completo y su fecha de nacimiento en la parte interior de una cáscara de naranja seca recortada en forma de corazón. Quemar la cáscara marcada junto con floraciones de naranjo secas, mientras se concentra en su amado y canta su nombre en voz alta. Reunir las cenizas y mantenerlas selladas dentro de una Botella de Hechicera.

HECHIZO DE PASIÓN: Para volver más apasionado a su hombre en el lecho, escribir su nombre en una vela roja con forma de falo (se consigue en la mayoría de las tiendas de objetos del ocultismo), con la palma y dedos untados con aceite de almizcle, sobar la vela nueve veces y, entonces, hacerla pasar a través del humo de incienso de almizcle. Encender la vela una vez al día, dejándola que se queme sólo media pulgada (menos de dos cm) a la vez. Cuando la vela termine de quemarse, envolver lo que queda en un pedazo de satín color rojo y mantener el amuleto debajo de la cama durante un mes entero.

HECHIZO DE AMOR DE LA BOTELLA DE HECHICERA: Para ganarse el afecto de determinada dama o caballero, realizar este hechizo cuando la Luna esté en el signo astrológico de Tauro o durante cualquier viernes por la noche, cuando la Luna esté en su fase decreciente.

Mezclar un puñado de corteza de cuasia con cabellos o recortes de las uñas de su amado y quemar todo hasta volverlo cenizas. Mezclar las cenizas con algunos pétalos de rosa secos y colocar todo dentro de una botella pequeña. Después de sellarla, pegue en su superficie la fotografía de su amado, o bien, un pedazo de tela tomado de alguna vestimenta suya. Amarre la botella con un cuadrado de satín rosa nuevo y asegúrelo con un listón rosa o blanco. Unte la botella cubierta con el satín con dos gotas de aceite de rosas o de menta y entonces, hágala pasar al través del humo de un incienso de jazmín, mientras canta en voz alta el nombre de la persona de quien desea el amor, pidiéndole lo que desee hasta que el incienso termine de quemarse completamente.

Para invertir el efecto de este hechizo: Cuando la Luna esté en su fase decreciente, quite el listón y el pedazo de satín de la botella y quémelos. Abra la botella y vierta su contenido dentro de alguna corriente de agua, mientras dice tres veces: La dirección del amor ahora ha cambiado. ¡Que se levante este hechizo de amor! Quiebre la Botella de Hechicera con una piedra (cuidándose de que no salte ninguna esquirla a su cuerpo) y, entonces, entierre cuidadosamente en el suelo las piezas rotas de la botella.

Para reunir amantes separados

Cuando la Luna se encuentre en su fase decreciente, con una aguja o alfiler esterilizado pique la yema de su índice izquierdo y exprima un poco de sangre.

Usar esta sangre para escribir sus iniciales en una piedra blanca lisa, mientras se visualiza a sí mismo estando reunido nuevamente con su amante o cónyuge. Escribir sus iniciales junto a las suyas y entonces, trazar tres círculos de sangre alrededor de ambas iniciales.

Envolver la piedra con un pedazo de terciopelo rosa o rojo, amarrado con un listón rosa y entonces, enterrar todo en el suelo o en una maceta en la que crezca una hierba o flor regida por Venus.

Si este hechizo se realiza correctamente, usted

y la persona amada deberían reunirse en el curso
de los tres siguientes días y noches.

Los afrodisíacos

AFRODISIACO DE GINSENG: El ginseng es
considerado el mejor y más potente de los afrodisiacos en todo el mundo. La mejor preparación de ginseng que se puede utilizar es cualquier
tónico líquido que tenga una raíz dentro de la
botella que lo contenga (se pueden hallar distintas marcas en las tiendas de alimentos naturistas,
tiendas de objetos del ocultismo, proveedores
de hierbas especiales y en tiendas locales de
hierbas de cualquier distrito de la colonia china).

Para aumentar el impulso sexual, encender
una vela roja con forma de falo, quemar incienso
de almizcle en un altar dedicado a Lakshmi (la
diosa de la India de los placeres sexuales) y beber
cuatro onzas fluidas de tónico de ginseng
diariamente durante por lo menos una semana
antes de hacer el amor con su pareja.

PARA CURAR LA IMPOTENCIA MASCULINA Y LA
FRIGIDEZ FEMENINA: Beber dos tazas de la siguiente
poción antes de retirarse para la noche y aplicarse
un poco en la base de la espina dorsal.

A la luz de una vela roja, llevar a ebullición en su caldero un litro de agua (de preferencia agua clara de lluvia o agua de fuente natural). Añadir tres y media cucharaditas de semillas de fenugrec (hierba leguminosa, *trigonella foenum-graecum*), cubrir y dejar hervir suave durante cinco minutos. Quitar del fuego, añadir dos puñados de savory (menta europea, género Satureia) y entonces dejar reposar durante una hora antes de utilizarse.

POCIÓN DE LA PASIÓN PARA AMANTES: Si desea aumentar la pasión amatoria o bien superar la frigidez sexual, prepare la siguiente poción de la pasión para usted y/o su amante (no tiene muy buen sabor pero es muy segura, fácil de preparar y ¡muy eficiente!).

A la luz de una vela roja, hacer hervir un litro de agua (de preferencia agua clara de lluvia o de fuente natural de montaña) en un caldero. Quitar del fuego y añadir dos tazas de perejil en rama fresco, picado. Cubrir el caldero y dejar que la poción repose durante una hora.

Beber dos tazas de la poción de la pasión por lo menos veinte minutos antes de hacer el amor con su pareja (y asegúrese de que la poción esté muy caliente cuando la tome).

AFRODISIACO SUDAMERICANO: Ponga a remojar entre cuatro y seis vainas de vainilla en dos tazas de tequila o de cognac importado, durante tres semanas, en una botella de vidrio hermética, agitándola varias veces al día.

Beber entre diez y veinte gotas, dos o tres veces al día, para estimular el impulso sexual y para volver más apasionada la actividad amatoria.

POCIÓN DE LA FERTILIDAD (para hombres y mujeres): Para superar la falta de fertilidad, aumentar el conteo de espermatozoides y fortalecer el impulso sexual, quemar un palillo de incienso de almizcle como ofrecimiento votivo a la deidad de la fertilidad de su elección, tomando veinte miligramos de jalea real todos los días (la jalea real no sólo contiene propiedades rejuvenecedoras sino que también tiene la reputación ¡de aumentar el tamaño de los genitales masculinos, a condición de que se use con frecuencia suficiente!)

HECHIZO DE LA POTENCIA MASCULINA: Para estimular mágicamente un impulso sexual disminuido en los hombres, o bien para curar la impotencia, realizar este hechizo cuando la Luna se encuentre en el signo astrológico de Escorpión.

Tomar siete llaves de siete casas que estén en siete ciudades distintas y colocarlas en un fuego intenso hasta que se brillen rojo intenso por el calor. Entonces, vierta encima el agua reunida de siete fuentes distintas, mientras expone sus genitales al vapor y repite la siguiente incantación mágica siete veces seguidas:

Siete llaves y siete cánticos
renuevan mi masculinidad
hasta duplicarla.

Hechizo para ganar casos en tribunales

Cuando la Luna esté en el signo astrológico de Libra o Sagitario, preparar un té mágico con raíz de la planta del mal de amores (lovage, *levisticum officinale*, planta originaria de la Galia cisalpina de la familia del perejil). Ya frío el té, sellarlo dentro de una jarra de vidrio con tapa (un envase de mermelada), bendígalo en el nombre divino de la Diosa y almacénelo dentro del refrigerador hasta la noche anterior a su presencia en el tribunal.

Cuando haya llegado el momento, encienda una vela negra y añada el té de lovage a su agua de bañera. Mientras se baña en ella y se visualiza ganando el caso ante el tribunal, su cuerpo y su espíritu absorberán las vibraciones benéficas ocultas.

Después de terminar el baño de tina, colocar debajo de su almohada la carta Justicia del mazo de Tarot. Métase en la cama y recite la siguiente rima mágica una y otra vez (en silencio o en voz alta) hasta que se duerma:

Balanza de la justicia, recuerda y tiembla;
haz que el juez en mi favor decida.

Magia para adivinadores

AYUDA DE LOS ESPÍRITUS: Para ganarse la ayuda de entidades benevolentes cuando se realiza cualquier arte adivinatorio, mezclar timo salvaje y sorrel de los bosques (planta trepadora de bosques del género Oxalis) y quemar la mezcla como un incienso de ofrecimiento votivo al mundo de los espíritus.

PARA AUMENTAR LA VISIÓN SÍQUICA: Quemar un poco de hierba conocida con el nombre de mugwort (pinácea de los Alpes suizos) como un incienso mágico mientras se adivina (focalizando las visiones en una bola de cristal). Preparado como té, frecuentemente añadido con bálsamo de limón, el mugwort se puede consumir para ayudar en la adivinación, la meditación y todo tipo de formas de desarrollo síquico. Muchas hechiceras y adivinadoras utilizan el té de mugwort también como un líquido para limpiar y consagrar las bolas de cristal, los espejos mágicos y otros objetos utilizados en el antiguo arte de la lectura oculta de las superficies líquidas.

HECHIZO DEL PODER ESPIRITUAL: Para aumentar los poderes espirituales mediumnísticos, mezclar clavos con algo de polvo de raíces de achicoria y pentahoja (cinquefoil, del género Polentilla, de la familia de las rosáceas). Quemar esta mezcla como un incienso de ofrecimiento al mundo de los espíritus cuando se realicen sesiones de adivinación o se consulte la tabla de Ouija.

Un hechizo para lograr la inspiración poética

Encender una vela púrpura. Limpiar la mente de toda distracción y pensamientos negativos y, entonces, recitar las siguientes invocaciones hasta que se sienta la inspiración:

Oh, gran Apolo: olímpico señor de la poesía y la música, te invoco y pido ahora que bendigas mi alma, mi corazón y mi mente con tu divina inspiración. Deja que tu poderosa musa me guíe en todo lo que haga. Que así sea.

Oh, gran dios Woden: maestro de la actividad síquica de inspiración y dios del arte skald, te invoco y te pido ahora que bendigas mi alma, mi corazón y mi mente con tu divina inspiración. Deja que tu poderosa musa me guíe en todo lo que haga. Que así sea.

Dulce señora Brigit: antigua diosa del fuego y patrona de todos los poetas, te invoco y te pido ahora que bendigas mi alma, mi corazón y mi mente con tu divina inspiración. Deja que tu poderosa musa me guíe en todo lo que haga. Que así sea.

Oh, gran señor Bragi: barbado dios de la poesía y del canto, te invoco y te pido ahora que bendigas mi alma, mi corazón y mi mente con tu divina inspiración. Deja que tu poderosa musa me guíe en todo lo que haga. Que así sea.

Además de las deidades paganas que gobiernan el arte de la poesía, también puede invocar a las antiguas musas griegas como una fuente de inspiración poética.

Si bien las musas, como grupo, presiden todas las formas de poesía (así como el arte de la música), cada una de las nueve reina en un campo de interés específico. Las musas individuales y sus provincias más conocidas son las siguientes: Caliope (poesía épica o heroica); Clío (versos históricos); Erato (poemas de amor, himnos y poesía lírica); Euterpe (tragedia, poesía lírica y música); Melpómene (tragedia); Polimnia (himnos, cánticos y prosa); Terpsícore (danza y canto); Talía (comedia y poesía pastoral); y Urania (poesía cosmológica).

Nota importante: si bien puede invocarse a los dioses y/o musas en cualquier ocasión que sea necesario contar con inspiración, este hechizo en particular parece trabajar mejor cuando se realiza los miércoles (el día apropiado para efectuar los hechizos y rituales que implican todo tipo de formas de escritura). Naturalmente, no se olvide de agradecer siempre a los dioses por sus preciosos regalos.

Jarra de hierbas para la buena suerte

Para atraerse la buena fortuna en la vida o para cambiar una racha de mala suerte y transformarla en una de buena suerte, llenar una jarra con cualquier combinación de las siguientes hierbas mágicas: corteza del árbol de la familia sapodilla (género Bumelia), camomila, trébol, hierba cuscus, diente de león, frankincense, curalotodo, madreselva, hojas de huckleberry (arbusto del género Gaylussacia), musgo irlandés, lágrimas de Job, loto, raíz de hoja santa, muérdago, frijol mágico, mirra, nuez moscada, raíz de peoría, reina de la pradera, romero, corteza sagrada, madera de sándalo, menta, anís estrella, timo, frijol tonka.

Sellar la jarra estanca y mantenerla en la cocina en un estante o en el marco de la ventana. Colocar las manos sobre la jarra todas las mañanas, luego de despertar y decir:

Rezo a dios y a la diosa
para que me guíen en otro día
que la fortuna por mi camino venga.
La buena suerte llamo ahora aquí.

Después de recitar la incantación mágica, con suavidad sacudir la jarra algunas veces y luego, darle un beso antes de regresarla a su lugar.

Hechizo de curación de Gaia

Para enviar al planeta vibraciones positivas curativas, realizar este hechizo durante un eclipse o cuando la Luna esté en una fase decreciente.

Ordenar conchas marinas en una playa alejada y solitaria para formar un círculo mágico de por lo menos cinco pies (un metro y medio) de diámetro (si no tiene posibilidad de ir a este tipo de playas, puede realizar este hechizo en un bosque o en un jardín utilizando piedras, ramas y/o flores para formar el círculo).

Arrodillarse en el centro del círculo, de frente al mar. Encender una vela azul y un palillo de incienso y colocar las dos cosas delante de usted. Poner los brazos en alto, con las palmas hacia arriba, en la posición tradicional de la hechicera y recitar las siguientes incantaciones:

Con humo y flama
se inició este hechizo.
Oh, diosa de las estrellas,
Luna y Sol,
dejen que se inicie el poder curativo.
Que la tierra esté completa otra vez.

La tierra es mi madre
y yo soy su hijo(a).
La tierra es mi amante
libre y salvaje.
Cúrate en el exterior; cúrate en el interior,
tierra y mar, fuego y viento.

Con amor sincero canto esta oración
para que la humanidad inicie el cuidado.
Que cada hermana y cada hermano
cure las heridas de la gran madre tierra.

Que el poder curativo empiece,
que la tierra sea completa otra vez.
Curada en el exterior; curada en el interior,
tierra y mar, fuego y viento.

¡Que así sea!

Hechizos para el dinero

1. Para atraer dinero y buena suerte quemar una vela con aroma de laurel y rociar raíz seca y molida de laurel en la llama de la vela.
2. Preparar un té de las hierbas conocidas como humo de la tierra y rociarlo en todas partes, al interior y exterior del hogar, así como en el fondo de los zapatos.

3. Poner a remojar en agua de lluvia por lo menos tres días hierba cus-cus. Colar el líquido en una botella y añadirlo al agua del baño. La hierba cus-cus también puede traerse en una bolsa de amuletos de franela roja para atraer riqueza, éxito y buena suerte a la vida personal.

4. Para fabricar una Botella de Hechicera que atraiga el dinero, realizar lo siguiente: a la luz de una vela verde, colocar en una jarra pequeña raíz de laurel, raíz de mano afortunada, una raíz de mandrágora y una raíz de serpiente. Llenar la jarra hasta arriba con té hecho con nardo. Cerrar firmemente la jarra y sellarla con un poco de la cera verde de la vela para cargarla con la energía mágica que atrae el dinero.

Hechizo del jugador de azar

Tomar hierba agujetas del diablo (una de las raíces más populares que se utiliza mágicamente en la religión vudú) y cortarla en pequeños pedazos.

Ponerlos en una jarra y llenarla hasta arriba con whisky y alcanfor. Sellar la jarra y untar la jarra una vez a la semana con tres gotas de aceite de lavanda.

Antes de jugar, tomar un pedazo de la raíz de la jarra y frotarlo entre sus manos mientras le ordena que le traiga buena suerte.

Llevar el pedazo en el bolsillo o el bolso de mano como un amuleto de buena suerte y que atrae el dinero cuando vaya a jugar y regresar el pedazo a la jarra, luego de que recoja sus ganancias.

Se debe tener una fe muy firme, tanto en el poder de la hierba como en sí mismo, porque de otra forma la raíz no funcionará mágicamente para usted.

La magia de los deseos

Con excepción de la magia del amor, la magia de los deseos es quizá la forma más popular de magia blanca que se practica en los tiempos modernos. Es relativamente sencilla de practicarse y puede ser tan simple como emitir un deseo ante la observación de una estrella fugaz, romper un hueso de la suerte de algún ave o lanzar una moneda a una fuente o a un pozo de los deseos.

Muchos pueblos que tienen inclinación hacia la creencia en la magia, confían en el poder de la vela de las siete jorobas (o vela de los deseos como se la llama algunas veces) para que los deseos se vuelvan reales. Es una herramienta mágica especialmente popular entre los practicantes de la magia popular hudú de las regiones sureñas de los Estados Unidos. Las velas de las siete jorobas se consiguen relativamente fácil en la mayoría de la tiendas de objetos del ocultismo y pueden obtenerse en diversos colores. Cuando se utilizan correctamente pueden ejercer magia poderosa, pero tenga cuidado con sus peticiones y deseos, ya que, como indica el antiguo dicho, ¡es posible que obtenga exactamente lo que deseó!

Para realizar el siguiente hechizo de deseo, necesitará una vela de siete jorobas de color azul, algo de aceite de mirra y un atame consagrado.

Escriba su deseo en cada una de las siete jorobas de la vela.

Unte la vela con el aceite de mirra y diga:
Consagro y bendigo esta vela
con el nombre divino de la diosa.
Que toda negatividad e impedimento
sea rechazado desde ahora.

Levante su atame con la mano derecha, coloque la parte plana de la hoja en la parte superior de la vela y visualice la energía mágica como una luz blanca que fluye desde su cuerpo al interior de la vela atravesando el atame. Cuando sienta que la energía realmente empieza a fluir, diga:

Ahora te cargo
con el poder mágico
en el nombre divino de la diosa.

Cargue la vela por lo menos durante cinco minutos, regrese el atame a su altar y, entonces, encienda la joroba más alta de la vela de los deseos. Repita la siguiente incantación siete veces:

Siete jorobas mágicas azules
hacen que mis deseos sean reales.

A medida que la vela se consume, concentrarse en la cosa que desea y visualícese a sí mismo ya en posesión del objeto.

Extinguir la vela después de que la primera joroba se haya consumido totalmente y repita el hechizo completo durante las seis noches siguientes, quemando únicamente una joroba de la vela en cada ocasión.

Hechizo para debilitar
el poder de un hechicero

Durante la primera noche de la Luna decreciente, asar la pata de un conejo feliz con la llama de una vela negra consagrada y entonces, colocar el amuleto encima de un pedazo de tela negra que esté totalmente nuevo. Rociar la tela con un poco de tierra de cementerio y pimienta de Guinea. Colocar entonces, boca abajo, una fotografía (o un dibujo) del hechicero que está utilizando poder negativo en su contra (también puede utilizar un pedazo de pergamino encima del que haya escrito, invertido y con tinta de sangre de dragón, el nombre verdadero del hechicero. Esta tinta puede obtenerse en la mayoría de las tiendas de objetos de ocultismo o pedirse por catálogo especializado). Envolver el amuleto con la tela negra, asegurándose de que se realice cada uno de los pliegues alejándose de usted (nunca tirando la parte doblada hacia sí mismo) y entonces, amarrarlo con seguridad con un pedazo de cuerda negra.

Perforar un hoyo en el lado este de un árbol que esté en la propiedad del hechicero (o tan cerca de su hogar como sea posible) y esconder el amuleto en ese hoyo. Cuando el sol se oculte todos los días, el poder del hechicero sobre usted se debilitará cada vez más.

Hechizos para enfrentarse con un enemigo

Desafortunadamente, en la vida de muchas personas existe por lo menos un hombre o mujer que por una razón u otra, debe clasificarse como enemigo. Puede ser un rival celoso, un excónyuge amargado o un vecino que viene del infierno, para nombrar sólo unos pocos.

Algunas veces, los enemigos pueden ser de lo más difíciles de enfrentar, si no es que la cosa se vuelve imposible. Debemos recurrir a la magia cuando todos los demás medios han fracasado. No hay nada malo en utilizar la magia en contra de los enemigos, mientras que sea blanca o de naturaleza positiva.

Desafortunadamente, muchos practicantes de las artes mágicas, en especial los novicios, cometen el error de tratar de utilizar magia negra o la hechicería para vengarse de sus enemigos.

Antes de volver la atención hacia la ayuda sobrenatural de hechiceros, maldiciones peligrosas que pueden volverse en contra de quien las emite, muñecas vudú o incantaciones satánicas para vengarse de alguien, se debe tener en mente que cualquier forma de magia negra es una violación grave del lema wiccano. También debe recordarse que es terriblemente autodestructor, ya que lanzar hechizos negativos de este tipo sólo tiene por consecuencia el retorno instantáneo hacia el emisor, en este caso usted, de una negatividad tres veces superior. Por lo tanto, no importa qué tan grande sea su rencor o furia en contra de alguien, no importa qué haya podido hacer para enfurecerlo, nunca debería recurrir al uso de la magia negra o de la hechicería.

Esto no quiere decir tampoco que nosotras las hechiceras hemos de estar quietas y ociosas mientras que un adversario continúe volviendo nuestras vidas intolerables. Las buenas noticias consisten en que existen muchas maneras positivas para enfrentar mágicamente a un enemigo, sin que se viole el lema wiccano. Así lo demuestran los hechizos que siguen.

PARA PREVENIR UN ATAQUE SÍQUICO DE ENEMIGOS: Los ataques síquicos habitualmente suceden durante la noche, mientras dormimos y nuestras mentes se encuentran en un estado de vulnerabilidad. Al sentir que un enemigo intenta utilizar energías síquicas para causar pesadillas, mala suerte y/o mala salud, debe realizarse lo siguiente, antes de irse a la cama: trazar un círculo de protección en todo el derredor de la cama con un atame consagrado, colocar velas votivas blancas en recipientes de vidrio cerca de cada una de las esquinas de la cama y visualizarse rodeado de un anillo blanco impenetrable de luz mágica mientras está en la cama esperando dormirse. También ayuda a defenderse de ataques síquicos (a la vez que de todo tipo de negatividad) tener colgada por encima de la cama una bolsa de amuletos de color rojo llena de hierba de hechicero (*panicum capillare*) o asafetida (goma de resina de plantas asiáticas de mal olor del género Ferula). Otro método de protección es dormir con gemas protectoras (como ojo de tigre o zafiros) u otros amuletos de protección colocados debajo o alrededor de la cama (para saber cuáles amuletos son los más favorables para cada quien, consultar el capítulo dos).

PARA AYUDAR EN EL CAMBIO DE ENEMIGOS EN AMIGOS: Con la fotografía de su enemigo, pasarla a través del humo ascendente de incienso de jazmín, de naranja, de vainilla o de violetas. Mientras lo hace, recitar tres veces la siguiente incantación:

Enemigo, enemigo, vuélvete amigo,
que toda maldad ahora llegue a su fin.

(Si se carece de una fotografía del enemigo, se puede utilizar un pedazo cuadrado de pergamino azul en el que se escriba el nombre completo y la fecha de nacimiento, si se conocen.)

Luego de recitar la incantación por tercera vez, tomar la fotografía o el pergamino azul y colocarlo dentro de una caja pequeña, junto con una piedra de berilio. Llenar la caja con verbena y cubrirla con una tapa, y luego almacenarla en un lugar donde no se toque.

Para obtener los mejores resultados, realizar este hechizo cuando la luna esté llena.

PARA DETENER A UN ENEMIGO EN SU PROPÓSITO DE DAÑO EN CONTRA SUYA: Escribir el nombre y la fecha de nacimiento completos de su enemigo chismoso en un pedazo de corteza fresca de olmo. Envolverlo en un trozo de tela negra y decir:

> (Nombre del enemigo) quédate callado ahora, que tu lengua amarga se quiebre.
> (Nombre del enemigo) quédate callado ahora, que no se hablen palabras dañinas.
> ¡Que así sea!

Enterrar el pedazo de corteza cubierto con la tela negra en el bosque o en un cementerio durante la noche, mientras una pálida luz de la luna ilumine todo y visualice a su enemigo incapaz de hablar siempre que intente hacer correr rumores malignos acerca de usted.

PARA HACER QUE UN ENEMIGO SE ALEJE: Cuando la luna esté en una fase decreciente, escribir en un pergamino blanco el nombre completo de la persona que desea alejar de sí, junto con su fecha de nacimiento completa (si la conoce).

Hacer el pergamino blanco un rollo junto con una fotografía del enemigo (si la tiene a mano), colocar todo dentro de una botella de vinagre y, entonces, tirarla dentro de agua corriente, al tiempo que visualiza a su enemigo que se aleja y nunca más le cause daño.

Éste es un hechizo ideal para utilizarse cuando todo lo demás parece haber fracasado.

El mal de ojo

Un viejo hechizo para desviar los poderes del mal de ojo pide que se amarren en un mismo hilo a nueve escarabajos vivos y entonces, que se entierren en suelo consagrado a medianoche.

Un método más moderno (y menos burdo) para actuar en contra del mal de ojo es el siguiente: con el uso de un atame consagrado, el día de san Juan, la noche de Samhain o en cualquier noche, cortar un pequeño trozo de madera de fresno europeo de montaña (*sorbus aucuparia*), cuando la luna esté en fase decreciente. Pintar en este pedazo de madera el antiguo símbolo egipcio del Ojo de Horus con tinta o pintura azul (desde tiempos remotos el color azul se ha utilizado como el color que desvía el mal de ojo). Luego de secarse la tinta o la pintura, llevar en el bolsillo, la bolsa de mano o en otra parte el trozo de madera como un amuleto protector.

Otro método mágico para protegerse en contra del mal de ojo incluye dormir con un pedazo de cuerda que tenga nueve nudos debajo de la almohada y el acto de girar sobre sí mismo en siete ocasiones en el sentido de avance de las agujas del reloj.

Éste último método también funciona bien para romper con una racha de mala suerte, en especial si se realiza durante la fase decreciente de la luna y se recita la siguiente incantación en ocasión de cada giro:

Malos augurios y amargura del diablo,
disminuyan y luego cesen del todo
cuando la luna oscura se desvanezca.

Para mantener el mal alejado de su hogar

Preparar un té mágico por medio de la infusión de cualquiera de las siguientes hierbas y raíces, y, entonces, rociarlo en las esquinas y quicios de puerta de su hogar para purificar, combatir victoriosamente conjuros malvados e impedir la entrada al hogar de las fuerzas del mal: raíz de angélica (de la familia del perejil, género Angelica), floración de escobillas (plantas de los géneros Cytisus, Genista y Spartium), polvo de curry, cardo santo (géneros Onopordum, Cirsium

y Cnicus), raíz de pokeweed (*phytolacca* americana, cuyas raíces y frutos son venenosos pero
se pueden añadir a su agua de baño de tina o
para limpiarse) y tormentilla (*polentilla tormentilla*, utilizada en el teñido amarillo de pieles).

Hechizo para exorcizar

Para purificar cualquier lugar de entidades
malvadas o cualquier fuerza sobrenatural de
naturaleza negativa, tomar un poco de espinoso
negro (*prunus spinosa*, arbusto de la familia de
las rosáceas que da frutos negros o morados en
forma de ciruelas) seco y en polvo y mezclarlo
con cualquier aceite contra hechizos (se encuentra en la mayoría de las tiendas de objetos del
ocultismo), polvo de ajo y frankincense (resina
de árboles árabes y africanos del género Boswellia).

Con una vela blanca nueva encendida, quemar
la mezcla en un platillo a prueba de fuego en el
momento de mediodía y de la medianoche en
el área de la negatividad.

Repetir este exorcismo durante siete días
seguidos.

Hechizos para luchar
contra conjuros

ROMPIMIENTO DE CONJUROS: (1) Para romper el poder de cualquier conjuro que otra persona haya lanzado contra usted, quemar cualquiera de las siguientes hierbas en un brasero con carbón (de leña o mineral) como un poderoso incienso que lucha contra conjuros: ginebra africana (*zingiberaceae africana*), agrimonia (familia de las rosáceas, género Agrimonia), genciana ((*gentiana quinquefolia*, sus raíces o la hierba), hojas del árbol del fresno, benzoina (goma de resina de árboles del género Styrax utilizada como incienso), betonia (menta de plantas del género Stachys), agujas de pino, verbena (especialmente cuando se mezcla con eneldo, hoja santa y trébol).

Estas hierbas no sólo trabajarán bien para eliminar conjuros o hechizos, sino que también regresarán la intención de maldad a la persona que hizo el conjuro original.

(2) Para eliminar un conjuro contra un niño que fue víctima de hechicería, haga que el infante se pare de cabeza y que cuente en orden inverso desde el 99 hasta el cero. Cuando el pequeño

haya contado hasta el número uno, el conjuro se habrá desbaratado (si se dejara de contar accidentalmente algún número o que se cometiera algún error en el conteo inverso, el hechizo debe volver a repetirse desde el principio o no funcionará).

UN HECHIZO PARA QUITAR UN CONJURO HECHO SOBRE SU HOGAR: Para romper con el poder malvado de un conjuro y las maldiciones lanzadas sobre su hogar, mezclar algo de ortigas (secas) con cualquier polvo fuerte para hechizos (se consigue en cualquier tienda de objetos del ocultismo) y, entonces, rociar el polvo en las esquinas de cada una de las habitaciones de su casa y en el exterior, frente a cada puerta y ventana (este hechizo puede utilizarse para quitar los conjuros lanzados sobre oficinas, graneros o cualquier edificación).

PARA ROMPER CON UNA MALDICIÓN VUDÚ: En una noche en que la luna esté en su fase decreciente, tomar una raíz de sangre (una raíz favorita de los practicantes del vudú para romper con hechizos y conjuros) y tirarla en el quicio de la puerta de la persona que lanzó la maldición. De esta manera, se verá liberado de su poder mágico y los efectos se verán inmediatamente revertidos hacia quien creó el conjuro en su contra.

PARA ROMPER LA MALDICIÓN LANZADA POR UN HECHICERO: Si siente que un hechicero o bruja lanzó una maldición en su contra, su hogar o su familia, realizar este hechizo justo antes de medianoche en la última noche anterior a la de Luna llena.

Encender una vela blanca nueva y quemar cualquiera de los inciensos indicados a continuación en un recipiente incombustible: clavos, frankincense (resina de árboles árabes y africanos del género Boswellia), jacintos, lilas, pino o yuca.

Sostener sobre el corazón un amuleto de la suerte de pata de conejo y repetir la siguiente incantación trece veces:

Con la pata de conejo y el verso mágico
invierto este conjuro maligno.
Mientras estas mis palabras se oyen,
que este conjuro malvado se rompa.

Repetir este hechizo todas las noches hasta que la fase de luna nueva empiece (utilizando cada vez una vela blanca nueva).

Envolver la cera sobrante de las velas en un pedazo de tela de algodón blanco y enterrarlo en el suelo en algún lugar secreto, al que nadie tenga acceso.

Hechizos curadores

HECHIZO CON CRISTAL DE CUARZO: Para ayudar en la curación de muchos malestares y enfermedades, realizar este antiguo hechizo proveniente de Inglaterra: reunir nueve cristales de cuarzo que provengan de un riachuelo con agua. Llenar un caldero con un litro de agua pura del mismo riachuelo, añadir los cristales de cuarzo y poner a hervir el caldero. Debe hervir durante nueve minutos para que las propiedades curativas de los cristales se transfieran al agua. Beber un poco de esta agua cada mañana, durante nueve días consecutivos. Esto ayudará a su recuperación de la salud.

CURACIÓN DE LOS EFECTOS DE UN CONJURO: Para curar a un ser humano o algún animal de los poderes de un conjuro maligno, de acuerdo con lo afirmado por los tratadistas (doctores de hechicería) de la región sureste de los Estados Unidos, preparar un té con corteza de olmo (*ulmus alata*) y frotarlo suavemente en la frente de la persona o animal afectado y entonces pronunciar siete veces la palabra wahú .

PARA PROLONGAR LA VIDA: Preparar un té con la hierba conocida como siempreviva y antes de beberlo, repetir estas antiguas palabras mágicas:

> Enfermedades y temblores,
> malestares y dolores,
> hagan su labor,
> que yo siempre viviré.

UN HECHIZO DE HECHICERA MODERNA: Para acelerar la recuperación de la salud después de una enfermedad, escribir el nombre de la persona afectada en una vela con forma humana de color blanco que tenga el género apropiado del enfermo. Mientras la unta con tres gotas de aceite de mirra o de menta, visualizar la energía curativa en la forma de una luz blanca que fluye desde sus manos hacia la vela y decir:

> En el nombre divino de la diosa
> que insufla la vida en todos nosotros
> yo consagro y cargo esta vela
> como una herramienta mágica de curación.

Colocar la vela encima de la fotografía de la persona enferma y encender el pabilo. A medida que la vela se consume, concentrarse en la persona de la fotografía, deseándole que esté sana nuevamente y cantar la siguiente incantación:

Magia alivia y vela quémate,
enfermedad termina; regresa salud.

HECHIZO CURADOR DEL DOLOR DE CABEZA: En el antiguo Egipto, los curadores y practicantes de las artes mágicas curaban los dolores de cabeza (así como otros dolores y malestares corporales) de la siguiente manera: primero se frotaba un clavo en la parte del cuerpo en la que estaba el dolor y entonces, ya sea que se colocara el clavo bajo la almohada del paciente durante una noche para que absorbiera el dolor mientras dormía el paciente o bien, se clavaba en el tronco de un árbol, en la puerta de la ciudad o en un pilar especialmente destinado a eso.

HECHIZO ELIMINADOR DE VERRUGAS: En tiempos antiguos, antes de que se inventaran las medicinas que quitan las verrugas, las hechiceras y los curadores populares utilizaban magia simpática para eliminar las verrugas.

El método más popular era frotar alguna cosa en la verruga (como un diente de ajo, una cebolla, una rebanada de manzana, un frijol o un pedazo de carne) y entonces, enterrar el objeto en el suelo en una noche con la Luna en fase decreciente. Esto se hacía en la creencia que el objeto enterrado se pudriría y mágicamente causaría que la verruga desapareciera (habitualmente en el curso de nueve días).

HECHIZO CURADOR DE ICTERICIA: Para curarse a sí mismo de ictericia, de acuerdo con un viejo grimorio cubano, ensartar juntos en un hilo de color blanco trece dientes de ajo fresco. Anudar los dos cabos juntos y llevar este collar de ajos como un amuleto durante trece días y sus noches.

Cuando llegue la última medianoche, quitarse el collar de dientes de ajo estando de pie en la mitad de una intersección de calles o caminos y tirar el collar por encima de su hombro izquierdo. Sin mirar hacia donde se lanzó el collar (ni siquiera una vez), rápidamente regresar a su casa y acostarse a dormir.

Hechizo para ayudar en la venta de inmuebles

Cuando la luna se encuentre en el cuadrante astrológico del signo de Tauro, encender una vela nueva de color verde (de preferencia una con aroma a pino) y entonces, untar con tres gotas de aceite esencial de pino una pequeña estatua de san José (estas estatuillas se pueden obtener en la mayoría de las tiendas para artículos religiosos y las baratas fabricadas de plástico funcionan tan bien como las más caras de mármol).

Encender una varita de incienso de pino y colocarlo en un recipiente incombustible para que se queme. Hacer pasar la estatuilla por el humo aromático y decir tres veces:

Humo de pinos y fuego de hechicera
traigan a mi casa a un comprador bueno,
dejen que la venta sea rápida y justa.
Oh, san José, por favor, contesta mi petición.

Cuando recite este verso mágico, enfoque sus pensamientos y energía en el edificio que desea vender y visualícelo como ya vendido (por ejemplo, imagine un letrero de "Vendido" en su puerta y a las personas desalojándolo para cambiarse a otro mejor).

Hacer un pequeño agujero en el jardín frontal de la casa y colocar en él la estatuilla de San José. Deberá estar de cabeza y mirando hacia el edificio que se vende (si carece de jardín, se puede enterrar la estatuilla en una maceta colocada cerca de la puerta de entrada al edificio y el hechizo funcionará igualmente bien).

Es tradición dejar que la estatuilla siga enterrada cuando se mude, ya que traerá buena suerte y protección espiritual a los nuevos propietarios del edificio. Sin embargo, si elige no dejar la estatuilla, asegúrese de no desenterrarla sino hasta que se termine totalmente la transacción de venta porque de otra manera, podría invertir los efectos positivos del hechizo.

El poder de los amuletos

Ágata

El ágata (piedra semi preciosa bastante común) es una gema cristalina que atrae la buena suerte, ayuda en la meditación y protege contra las caídas accidentales y contra todo tipo de peligros. Es el símbolo de la salud y de la vida extendida, a la vez que es un poderoso amuleto de la buena suerte para todas las personas nacidas durante el mes de junio. Las hechiceras desde hace mucho tiempo utilizan esta gema en rituales que invocan los poderes de la diosa y del dios con cuernos. De acuerdo con creencias medievales, un amuleto fabricado con ágata puede reducir la fiebre, aliviar la sed (cuando se coloca en la boca) y proteger contra los piquetes de escorpiones y mordidas de serpientes. Para purificar la sangre, de acuerdo con leyendas árabes, portar un amuleto de ágata con forma de flecha es efectiva.

Aguamarina

(Piedra semi preciosa transparente con tonos azul verdoso y lila.) Es una variedad de berilio cristalizado. Simboliza a la esperanza y la buena salud y es una gema de buena suerte para todos los nacidos en los meses de marzo y de octubre. Un amuleto de aguamarina da más potencia a la meditación y a estar alerta espiritualmente. También ofrece protección a los marineros y otros viajeros por los mares. Para atraer el amor, usar aretes con forma de amuletos hechos con aguamarinas.

Ajo

El ajo es el más antiguo y más famoso amuleto natural de protección que se utiliza en todo el mundo de diversas maneras para mantener alejados de sí a los vampiros, los brujos y brujas, los espíritus demoniacos y todo tipo de manifestaciones de la maldad. También lo utilizan muchas hechiceras y chamanes como amuleto de curación. Se dice que el ajo está regido por Marte y está bajo la influencia de Aries y Escorpión.

Amatista

(Piedra semi preciosa de color morado-azuloso-rojo, transparente.) La amatista es una gema de poder, paz, protección y espiritualidad. Ayuda a equilibrar el aura, controla los pensamientos malvados, alivia la tensión, agudiza el intelecto y atrae el contento y la sinceridad a la vida de quienes la usan. En una época su principal atributo era prevenir la intoxicación. La amatista es un amuleto de extraordinaria buena suerte para todas las personas que nacieron en el mes de febrero o bajo el signo astrológico de Piscis. Cuando se sostiene en la mano o se coloca en el chacra del tercer ojo (punto que se ubica en medio de la frente), ayuda al desarrollo síquico y espiritual y puede utilizarse como una poderosa piedra para la meditación. Para protección contra todo tipo de negatividad, llevar un pendiente hecho con plata y una amatista en una cadena de plata. Un anillo con amatista que se lleve en el dedo anular de la mano izquierda ayuda a los cazadores y ofrece a los marineros y soldados protección contra todo mal. Cuando se graba con un cupido, un anillo con amatista atrae el verdadero amor a quien lo porta.

Ámbar

(Resina fosilizada.) El ámbar es una gema de buena suerte que aumenta la fuerza del aura y armoniza y equilibra las energías chinas del yin y el yang. Atrae la compasión y puede usarse como una joya en forma de amuleto para proteger contra influencias malvadas y daños accidentales. En la Edad Media, los collares de ámbar se colgaban alrededor del cuello de los niños de corta edad como amuletos para curar o para alejar la infección de tosferina. El ámbar es sagrado para la diosa Freya.

Amuleto de Buda

Llevar consigo un amuleto en forma de Buda dorado en un collar o brazalete, o bien, tener un amuleto de Buda fabricado en jade, es un amuleto para atraer la buena suerte y la fortuna a su vida.

Amuleto de hada

Llevar cualquier tipo de joyería con forma de hada como amuleto aumenta los poderes mágicos, fortalece todos los hechizos y los embrujamientos, atrae a los miembros de los pueblos encantados y coloca el espíritu en armonía con la Madre Naturaleza.

Amuleto de Jack

Un jack es un poderoso amuleto que utilizan los practicantes de la magia popular en las regiones sureñas de los Estados Unidos (especialmente los de Mississipi). Consiste de una pieza de franela roja a la que se le da una forma de dedo humano y se rellena con polvo de carbón y tierra suelta, junto con una moneda de diez centavos de plata. Después de cargarse con poder mágico con una invocación para contar con la presencia y ayuda de los antiguos dioses, un amuleto de Jack puede llevarse en cualquier parte para evitar que un viajero pierda el camino.

Amuleto de la calavera y las tibias cruzadas

En cierta época, un símbolo de la muerte que

utilizaban los piratas y en la modernidad como símbolo de advertencia de peligro de muerte, la calavera y las tibias cruzadas por debajo pueden utilizarse como poderoso amuleto para proteger a quien lo lleve contra el vudú, el hudú y la magia negra santera. Posee el poder de invertir y regresar a quien lo lanzó cualquier conjuro malvado. Éste símbolo también es popular entre los jugadores de azar porque se cree que impide que la buena suerte se convierta en mala suerte.

Amuleto de oso

Portar un amuleto consistente en una garra de oso ayudará a una mujer durante el parto y a aumentar su fuerza física. Un amuleto con la imagen de un oso también puede utilizarse en rituales neopaganos para ayudar a invocar los poderes de la diosa lunar Diana.

Amuleto de pirámide

Llevar un amuleto de pirámide mejora los hábitos de trabajo, aumenta o reorganiza los poderes síquicos y atrae la buena suerte a la vida. Los cristales tallados en forma de pirámide poseen el poder para equilibrar las cualidades emocionales y se dice que atraen la sabiduría. Cuando se colocan debajo de una cama, protegen a quien duerma en ella contra todos los ataques síquicos, malos sueños, súcubos e incubos y otros espíritus malignos de la noche. El poder de las pirámides también se cree que aumenta los efectos de las meditaciones y permite regresiones más sencillas a vidas anteriores, acelera las curaciones de heridas abiertas y quemaduras, cura los dolores de cabeza y el insomnio, rompe con adicciones insalubres y hasta revive la salud de las plantas que se colocan debajo de su cúspide.

Amuleto de protección de hierro

Para protegerse a sí mismo contra la hechicería y todos los seres sobrenaturales malvados, llevar un brazalete de hierro o dormir con un pedazo de hierro debajo de la cama. En Burma, las piritas de ese material se utilizan con frecuencia como amuletos para protección del portador contra los ataques de los cocodrilos y en muchas partes de Europa se utilizan como protección contra los rayos.

Amuleto diente de alce

Llevar un diente de alce en el bolsillo o bolsa de amuletos es un poderoso medio para desvanecer la negatividad y atraerse a su vida la buena fortuna.

Amuletos egipcios

Llevar consigo un amuleto del Rey Tut atrae el dinero; un amuleto de Nefertiti inspirará el amor o mantendrá fiel al amante; un amuleto con forma de momia alejará a las fuerzas negativas, los malos espíritus y las influencias malvadas del portador. Para atraer la prosperidad a los negocios , llevar un amuleto de oro con forma de pluma de ave (éste es un antiguo símbolo egipcio de la riqueza). Para protegerse contra lo malvado, llevar consigo un pendiente con escritura egipcia antigua (jeroglífico encerrado en un cuadro). Los dioses y diosas del panteón egipcio también son símbolos mágicos poderosos y son bastante populares entre las hechiceras modernas. Los amuletos como joyería que representen sus divinas imágenes pueden obtenerse con facilidad en las tiendas de objetos para el culto del ocultismo, en los catálogos de objetos de hechicería, en las ferias del ocultismo y en las tiendas de regalos que se especializan en objetos de joyería de la moda New Age. La lista a continuación contiene la mayoría de los más populares amuletos de dioses egipcios, junto con sus usos:

Llevar consigo un amuleto de Isis para aumentar la fertilidad y mejorar todo tipo de hechizos.

Un amuleto de Osiris para aumentar la virilidad.

Un amuleto de Thoth para allegarse sabiduría e inspiración literaria, así como amuleto de buena suerte para escritores y poetas.

Un amuleto de Hathor para conseguir la inspiración musical y para atraer amor, aumentar la fertilidad y protección para los menores de edad.

Un amuleto de Min para aumentar la fertilidad y también para protección cuando se viaja.

Un amuleto de Ra para allegarse la buena suerte y la fortuna.

Un amuleto de Ptah para tener estabilidad y como amuleto de buena suerte para los arquitectos, los escultores y los que ejercen algún oficio.

Un amuleto de Mut para aumentar la fertilidad.

Un amuleto de Bast asegura la buena salud y aumenta la pasión sexual. Este amuleto también se puede poner en el collar de su gato mascota para protegerlo de los peligros.

Un amuleto de Anubis en su perro para protegerlo de las fuerzas negativas.

Para conocer más sobre amuletos egipcios, consultar en este listado Ankh, Ojo de Horus, Amuleto en forma de pirámide, Amuleto en forma de escarabajo y Amuleto en forma de serpiente.

Amuleto en forma de águila

El águila simboliza la rapidez y es un ave sagrada del antiguo dios griego Zeus. Una pluma de águila o un amuleto en forma de águila se dice que protege a las personas y edificaciones contra los rayos.

Amuleto en forma de brujo

Llevar cualquier pieza de joyería con forma de brujo para atraerse sabiduría, fuerza y buena suerte, así como para ayudar a desarrollar las habilidades adivinatorias e incrementar tanto los poderes mágicos como los síquicos.

Amuleto en forma de búho

Para aumentar los conocimientos, llevar un pendiente con forma de búho o tecolote, fabricado con oro, plata o cobre. El símbolo del búho (sagrado para la diosa Atenea) también atrae la buena suerte, en especial para las personas nacidas bajo los signos de Tauro, Virgo y Capricornio.

Amuleto en forma de bulbo de tulipán

Llevar un amuleto con forma de tulipán o con su grabado, atrae el amor a la vida. Llevar un bulbo natural de tulipán alrededor del cuello o dormir con uno debajo de la almohada, atrae a un nuevo amante, aumenta el atractivo sexual para el sexo opuesto o induce sueños de romanticismo. Llevar un amuleto con forma de tulipán promueve la fertilidad en las mujeres y aumenta la virilidad.

Amuleto en forma de burro

Llevar un amuleto con forma de burro cuando

se necesita contar con una dosis extra de buena suerte. La figura del burro, cuando se graba en crisólito y se lleva en un collar de oro alrededor del cuello, aumentará los poderes síquicos del portador cuando ejerza la predicción.

Amuleto en forma de cabeza de indio

Se utiliza una moneda con una cabeza de indio montado como pendiente para collar o dije como protección contra todas las influencias negativas y los malos espíritus. Se puede llevar la moneda también en una bolsa de amuletos o en el monedero. El símbolo de la cabeza de indio es considerado por muchas personas como uno de los más poderosos amuletos de protección contra el mal, a la vez que como talismán para la buena suerte en los juegos de azar. Para promover la paz en el hogar, llevar un amuleto con el popular símbolo de la cabeza de un jefe indio o colgarlo en su hogar para ejercer el control sobre los miembros de la familia y las cosas de su alrededor.

Amuleto en forma de cabra

El símbolo de la cabra (consagrada a Afrodita y al dios con cuernos) aumenta la fertilidad cuando se lleva como amuleto y tiene efectos especialmente favorables como talismán de buena suerte para quienes nacieron bajo el signo de Capricornio. La imagen de dos cabras grabadas en ónix se dice que le confiere al mago el poder de llamar y controlar a los espíritus.

Amuleto en forma de cangrejo

Un amuleto con la forma grabada de la imagen de un cangrejo atrae buena suerte a los nacidos bajo el signo astrológico Cáncer. Para aumentar la fertilidad o atraer el amor a la vida, llevar un par de pinzas de cangrejo en un collar.

Amuleto en forma de carnero

Un amuleto con la forma de un carnero aumentará la fertilidad en las mujeres. También atrae muy buena suerte a las personas nacidas bajo el signo de Aries.

Amuleto en forma de cordero

Para aumentar la fertilidad o llenar de paz su hogar, utilizar un amuleto con forma de cordero (símbolo de la fertilidad y la paz).

Amuleto en forma de delfín

Para protegerse contra accidentes cuando se viaja en barco, llevar un amuleto con forma o que tenga grabada la imagen de un delfín.

Amuleto en forma de gato

El gato es una criatura hermosa y misteriosa, tradicionalmente asociada con las hechiceras, además de ser un animal divinizado por los antiguos egipcios. El gato y sus símbolos son sagrados para muchos cultos de diosas paganas, incluyendo a Freya (la diosa del norte favorecedora de los matrimonios, la abundancia de cosechas y la fertilidad) y de Bast (la diosa egipcia en representación de gata). La leyenda y supersticiones populares afirman que todos los gatos tienen nueve vidas y que si a alguien se le cruza por delante un gato negro es signo de mala suerte (sin embargo, también se afirma que tener en casa un gato negro traerá paz y buena suerte al hogar). Los granjeros de Transilvania, región del centro de Rumania en Europa, utilizan los gatos como amuletos vivos de la fertilidad, en tanto que en Haití y África, los practicantes de la religión del vudú hacen uso de diversas partes del gato muerto (ojos, huesos, corazón, etc.) como poderosos amuletos para la magia. De acuerdo con un libro de magia hudú (de los indios del sureste de Estados Unidos) para promover la fertilidad de las mujeres, se debe portar nueve uñas de gato en un collar o llevarlos dentro de una bolsa de amuletos. Se cree que un amuleto de jade en forma de gato ayuda a aliviar los dolores de parto cuando se coloca encima del ombligo de la mujer durante el proceso. Lleve todo tipo de joyería en forma de gato como un amuleto para estimular o aumentar los poderes telepáticos, mejorar la visión nocturna, protegerse en contra de entidades malvadas o para volver reales los deseos secretos. Los amuletos con forma de gatos también pueden portarse o llevarse para atraer la buena suerte y son especialmente favorables para las personas nacidas bajo los signos de Capricornio y Piscis.

Amuleto en forma de golondrina

Para atraer la buena suerte a su vida, llevar un amuleto con forma de golondrina fabricado con plata. Para mantener a salvo su hogar de la brujería de los fantasmas, de los incendios y del rayo, llenar una bolsa de amuletos de color púrpura con plumas de golondrinas y ponerlo en su chimenea o en su techo.

Amuleto en forma de escarabajo

Éste es uno de los amuletos más famosos entre los egipcios. El escarabajo sagrado es el emblema del Gran Creador del Universo y es el símbolo de la vida perpetua, constantemente renovada, sagrado para el dios Khepera. Llevar un amuleto en forma de escarabajo como joyería proporciona buena suerte y protección contra todo tipo de fuerzas malignas.

Amuleto en forma de escorpión

Si se nació bajo el signo astrológico de Escorpión, llevar un amuleto con esa forma atrae la buena suerte, repele la maldad y las fuerzas negativas, a la vez que protege contra los enemigos.

Amuleto en forma de faisán

Llevar consigo un amuleto con forma de faisán protege durante los vuelos en aeroplano.

Amuleto en forma de jabalí

En Marruecos se cree que el poder destructor del mal de ojo no puede dañar a un infante que lleve la quijada de un jabalí en un collar.

Amuleto en forma de llave

Traer un amuleto en forma de llave en un collar alrededor del cuello se cree que abre las puertas de la oportunidad y del éxito, protege contra el mal de ojo y repele la brujería y a los espíritus malignos de la noche.

Amuleto en forma de leperchaun

El leperchaun es la más famosa de todas las criaturas mágicas del folclor irlandés. Llevar cualquier tipo de joyería con forma de leperchaun como un amuleto, atrae la buena suerte y la fortuna del poseedor. El amuleto tiene especial fuerza para quien es irlandés o irlandesa.

Amuleto en forma de león

El león (o rey de los animales) simboliza la valentía, el arrojo y la nobleza. Llevar una joya con forma de león ayudará a curar la timidez, vencer a enemigos, proteger contra peligros en los viajes y fortalecer el dominio de las emociones. En toda la Edad Media, las imágenes de leones esculpidas en piedras diversas o estampados en diversos pedazos de metales, se utilizaban para tratar los malestares de los riñones y los dolores agudos en los intestinos. Cuando se graba la imagen del león en granates, este símbolo trae buena salud y éxito a su poseedor. Cuando la imagen está grabada en jaspe, se dice que cura todas las fiebres y protege contra todos los venenos. Un amuleto con forma de león trae especial buena suerte a los nacidos bajo el signo de Leo.

Amuleto en forma de murciélago

Un amuleto con forma de murciélago protege al portador contra los hechizos, los enemigos y todas las formas de magia negra cuando se lleva consigo durante un mes y entonces se tira al fondo de una masa de agua profunda, como un río o el mar. A orillas del Mississipi se creía que el corazón seco de un murciélago podía atraer la buena suerte a los jugadores de los vapores del siglo pasado. Un murciélago disecado en forma de heliotropo o de piedra sanguínea proporciona al portador el poder para controlar los demonios.

En Irán se creía que quien tenía los ojos de un murciélago como un amuleto, podía curarse del insomnio; en Bohemia, el mismo amuleto era utilizado por los practicantes de magia para ganar el poder de la invisibilidad. En Macedonia (Grecia), en donde el murciélago se considera el más afortunado de todas las criaturas vivas, se lleva con frecuencia un hueso de ese animal como amuleto para atraerse la buena suerte.

Amuleto en forma de naipe

Llevar un talismán con forma de naipe en una cadena alrededor del cuello, trae buena suerte a su poseedor, atrayendo el éxito y la riqueza en los juegos de azar (para volver todavía más afortunado este amuleto, grabar o pintar el nombre, la fecha de nacimiento, los números de la suerte y el signo zodiacal en el reverso del amuleto, además de ungirlo diariamente con tres gotas de mirra, menta o miel).

Amuleto en forma de paloma

Llevar un amuleto con forma de paloma en un collar alrededor del cuello llevará paz a su hogar o lugar de trabajo. El símbolo de la paloma protege al portador contra la muerte, los incendios y los rayos. La paloma es el ave sagrada de Ishtar, de Afrodita y de otras diosas del amor y la fertilidad.

Amuleto en forma de pavo real

Para recibir el poder de la inmortalidad, de acuerdo con un antiguo grimorio de artes mágicas, llevar un amuleto con la forma de un pavo real en un collar alrededor del cuello. También puede utilizarse un amuleto de este tipo en los rituales paganos para ayudar a invocar los poderes de Isis, la antigua diosa egipcia de la fertilidad. De acuerdo con antiguas tradiciones populares, las plumas de los pavos reales se consideran de extremada mala suerte y si se llevan al hogar, impedirán a toda mujer casarse o embarazarse. Según el libro del erotismo de la India llamado *Kama Sutra*, un hombre puede hacerse irresistible para las mujeres al cubrir un hueso de pavo real con oro y llevarlo amarrado a su mano derecha como un amuleto para atraer el amor.

Amuleto en forma de pentalfa

Llevar un anillo o círculo de plata grabado con el pentalfa (un diseño mágico y poderoso consistente en cinco letras A entrelazadas) ayuda a despertar o a fortalecer los poderes adivinatorios o ayuda a conjurar espíritus benéficos.

Amuleto en forma de perro

Para impedirle la entrada a su hogar a todas las personas y espíritus malvados, enterrar cinco amuletos de perros en cada uno de los lados de su casa.

Amuleto en forma de pez

Un amuleto que tenga forma de un par de peces y fabricado con oro o madreperla aumentará la fertilidad y la virilidad de quien lo porte, atraerá la prosperidad y le ofrecerá protección de la gente que lo odia o tiene malas intenciones hacia su persona. Para aquellos nacidos bajo el signo astrológico de Piscis, el pez es un amuleto de la buena suerte especialmente poderoso.

Amuleto en forma de rana

Para promover la amistad o reconciliar enemigos, grabar la imagen de una rana en un berilio y llevarlo cerca del corazón o como pendiente en un collar. Un amuleto de rana también es bueno para aumentar la fertilidad y la virilidad.

Amuleto en forma de serpiente

Traer consigo el cascabel de una serpiente en un collar es un poderoso amuleto para aumentar la sabiduría y las fuerzas sexuales. En el antiguo Egipto, las piedras de color rojo que se tallaban con formas de cabezas de serpientes se creían que poseían poderes sobrenaturales para impedir que las serpientes venenosas mordieran a su poseedor. Los símbolos de serpientes se utilizaban comúnmente entre los gitanos de antaño para proteger al portador de los poderes del temido mal de ojo.

Amuleto en forma de símbolo de paz

Para atraer la paz a su persona y alrededor suyo, para acabar con conflictos o para ayudar en la meditación, llevar cualquier joyería de amuleto en la forma del signo de la paz (símbolo muy popular entre la juventud de los años de la década de los sesenta, consistente en un círculo que engloba una Y).

Amuleto en forma de tiburón

El tiburón simboliza una gran fuerza física y un amuleto que tenga su imagen grabada o su forma, se cree que confiere un control poderoso sobre la persona que cae dentro de su aura mágica. En Hawai y en otras islas del Pacífico, se cree que con un collar de dientes de tiburón se atrae la buena suerte, se mantienen alejados a los malos espíritus y se protege a los bañistas de accidentes y ataques por parte de los tiburones.

Amuleto en forma de tigre

De acuerdo con el antiguo folclor chino, para conseguir fuerza física, inmortalidad o el dominio de la habilidad sobrenatural de cambiar de forma física, llevar un amuleto de plata o de jade que tenga la imagen de un tigre.

Amuleto en forma de toro

Para aumentar la fertilidad en las mujeres y la virilidad en los hombres, llevar consigo o portar un amuleto en forma de toro o colocarlo debajo de la cama antes de hacer el amor. Cuando se lleva como joyería, el símbolo del toro protege a quien lo porta contra todas las maldiciones, procura el favor de los magistrados y aporta buena suerte especial a todas las personas nacidas bajo el signo astrológico de Tauro.

Amuleto en forma de tortuga

Para conseguir protección espiritual, compasión, estímulo de la creatividad y fortalecimiento de los poderes de adivinación, llevar un amuleto de oro con forma de tortuga en una cadena alrededor del cuello o dentro de una bolsa de amuletos de color blanco. Para promover la fertilidad femenina, mantener un caparazón de tortuga debajo de la cama y frotarlo con un poco de aceite de almizcle en la parte exterior, momentos antes de tener relaciones con su pareja.

Amuleto en forma de unicornio

(Animal mitológico consistente en un caballo con un cuerno en espiral en medio de la frente.) El unicornio es un antiguo símbolo de la castidad y la protección y su místico cuerno se reputaba como un amuleto muy efectivo para detectar los venenos en alimentos y bebidas de los reyes y reinas, pontífices y papas en la Edad Media. Para promover la fertilidad o aumentar el magnetismo sexual de hombres y mujeres, llevar cualquier tipo de joyería con forma de unicornio como amuleto. El símbolo de esta magnífica criatura mística también permite adivinar los planes de los enemigos y mantener a salvo al portador frente a todas las fuerzas malignas.

Amuleto en forma de venado

Para aumentar la fertilidad, colocar los cuernos de un venado debajo de su cama o colgarlos en una pared de su recámara y frotarlos durante algunos minutos antes de hacer el amor con su pareja.

Amuleto en forma de zorro

Llevar un amuleto que tenga la imagen de un zorro propiciará la prosperidad y ayudará al desarrollo de los poderes del cambio de apariencia.

Amuletos para los jugadores

Véase en la misma lista, anillo en forma de corona, amuleto en forma de cabeza de indio, amuleto en forma de carta de juego y amuleto de la calavera y tibias cruzadas.

Amuleto y hechizo de calavera

Para ayudar a romper las cadenas de cualquier adicción, llevar un talismán con forma de calavera en oro en una cadena alrededor del cuello como amuleto. Frotar la calavera tres veces al día mientras se concentra y enfoca sus ojos en ella, pensando en la miseria que las adicciones traen consigo. Después de tres meses de esta práctica mágica, quitar la calavera de la cadena y tirar el amuleto a alguna masa de agua en movimiento, como un río o el mar.

Amuletos que atraen el dinero

Para atraer riqueza y prosperidad, llevar un amuleto de oro en forma de cornucopia (también conocido como Cuerno de la abundancia), un granate con forma de león, un Buda de jade o cualquier tipo de joyería con la forma de una mariquita, de un saltamontes o del sol.

Anillo con forma de corona

Llevar un anillo con forma de corona sirve para atraer el éxito en el trabajo y atraer la buena suerte cuando se emprende cualquier tipo de juego de azar. Un anillo con forma de corona también puede llevarse como un poderoso amuleto que atrae el amor.

Ankh o Cruz Anseática

Éste es un antiguo símbolo egipcio que se parece a una cruz con la cabeza en forma de gota. Simboliza el poder de la vida y del conocimiento cósmico y es el amuleto/símbolo religioso más popular y antiguo utilizado por los egipcios. Cuando se porta o lleva consigo el Ankh concede buena salud, promueve la fertilidad y fortalece los poderes síquicos.

Armadillo

Para protegerse en contra de la hechicería, la negatividad y todas las fuerzas oscuras de la maldad, llevar consigo un amuleto con la forma de un armadillo. Enterrar el cráneo de un armadillo en su patio o colocarlo sobre la puerta principal de entrada a su hogar, mantiene a los fantasmas y a las entidades domésticas malvadas lejos de su hogar.

Berilio

Conocido tanto como la Piedra Mística y como la Piedra del Vidente, el berilio amarillo o dorado aumenta las habilidades síquicas cuando se coloca encima del chacra del tercer ojo o cuando se sostiene en la mano izquierda durante los rituales de meditación. Cuando se usa como joyería de amuleto, el berilio se dice que evita el miedo, fortifica el intelecto, protege contra enemigos, promueve el amor de las parejas de casados y atrae los afectos de las personas del sexo opuesto. En cierta época se utilizaba para fabricar bolas de cristal, el berilio ha sido usado desde hace mucho tiempo como una piedra para adivinación y un focalizador para encontrar cosas perdidas o escondidas. Para promover amistad o reconciliar enemigos, grabar la imagen de una rana en un berilio y llevarlo cerca del corazón o colgado en un collar de oro. Un berilio grabado con la imagen del dios marino Poseidón tiene el efecto de un poderoso amuleto de protección para los marineros y los pescadores.

Cágula

La cágula (una membrana que algunas veces se pega a la cabeza o cara de un bebé recién nacido) se ha considerado como un augurio de buena suerte desde tiempos remotos. Se utiliza como un amuleto natural para proteger a los marineros y viajeros marinos en contra de naufragios y ahogarse, así como protegerse contra los demonios, la magia negra y los ataques síquicos. De acuerdo con el folclor, una cágula puede conferir a su poseedor el poder de ver y comunicarse con los espíritus de los muertos. En tiempos remotos era común la costumbre de secar y vender las cágulas (habitualmente a precios muy elevados).

Calcedonia

(Piedra semi preciosa con diversos tonos de azul transparente.) Utilizar o llevar consigo una gema de calcedonia azul como un amuleto para asegurarse el favor del público, alejar de sí la tristeza, protegerse en contra de entidades malvadas y los peligros del mar, así como atraer la buena suerte. Para aumentar la leche materna, las madres deben llevar en un collar una gema de calcedonia blanca, de acuerdo con una vieja tradición italiana. La calcedonia es sagrada para la diosa Diana y debe portarse o dejarse en un altar cuando se realiza cualquier ritual en su honor.

Carbunclo

(Todo tipo de piedras semi preciosas de color rojo oscuro, como granates.) Portar o llevar consigo un carbunclo como una gema de amuleto para aumentar la riqueza y el poder, para estimular el corazón o para alejar de sí las pesadillas, la melancolía y los pensamientos malvados o negativos. El carbunclo se utilizaba en la antigua Grecia como protección de los niños de corta edad para que no se ahogaran. Tanto en India como en Arabia, se utilizaba como un amuleto protector de los soldados. En la tradición cristiana, el carbunclo representa el sacrificio de Jesucristo.

Coral

(Piedra calcárea, desecho de organismos marinos de colores diversos) Llevar una pieza de coral rojo puro como un amuleto natural para protegerse contra fuerzas demoniacas, todo tipo de magia negra y el poder destructivo del mal de ojo. Colgar una pieza de coral (de cualquier color) en su hogar u oficina para mantener lejos los espíritus malignos y las influencias negativas; en la cabecera de la cama para impedir los sueños desagradables, los sudores nocturnos, las visitaciones de súcubos o íncubos; en su automóvil para resguardarlo de accidentes y ladrones; en los árboles frutales para asegurarse que darán cosechas abundantes. Para atraer un nuevo amante, llevar un pedazo de coral color de rosa como amuleto de amor.

Cornelia

(Piedra semi preciosa, variedad roja de calcedonia.) La cornelia es una piedra legendaria de la buena suerte, de la valentía y de la fertilidad, además de un muy poderoso amuleto de la buena suerte para todos aquellos nacidos en el mes de agosto. En el antiguo Egipto (donde se conocía como Piedra de la sangre de Isis), la gente llevaba amuletos de cornelia para protegerse de la furia del dios Sol y del poder del mal de ojo. Mucha gente creía que la cornelia poseía el poder para prevenir o curar las heridas abiertas, los tumores y las enfermedades respiratorias, así como para mantener alejados a los malos espíritus. Portar un anillo con una cornelia protege la tranquilidad cuando se está en medio del desorden.

Cristales de cuarzo

(Cristalizaciones muy comunes con facetas hexagonales y puntiagudas de dióxido de silicona, muchas veces mezclados con minerales y de diversas coloraciones.) También conocidos como Piedras de lluvia, los cristales de cuarzo se utilizan comúnmente en las ceremonias propiciatorias de lluvias entre los miembros de las tribus aborígenes australianas. Los cristales de cuarzo se utilizan como piedras adivinatorias entre los indios Cherokee y en ciertas partes de Europa y del Cercano Oriente, se utilizan como amuletos para aumentar la leche de madres y para curar la esterilidad.

Cruz

La cruz es uno de los más antiguos símbolos místicos y en la *Enciclopedia Heráldica* existe una lista con más de 385 variedades distintas. En la cristiandad, la cruz es el símbolo de la muerte y resurrección de Jesucristo. Sin embargo, el símbolo de la cruz en realidad no es de origen exclusivamente cristiano, como muchos tienden a creerlo. Se utilizaba ampliamente en las culturas paganas en las épocas anteriores a la cristiana, no sólo como símbolo religioso, sino incluso como herramienta mágica; y no se transformó en símbolo en la tradición cristiana hasta alrededor del siglo v de nuestra era. Cuando se lleva como amuleto, la cruz protege al portador contra las fuerzas oscuras del mal, contra los conjuros y contra la mala suerte. Las cruces se utilizan en muchos rituales vudúes y en hechizos hudúes y con frecuencia se portan como amuletos protectores entre los curanderos espirituales y los lectores de cartas para salvaguardarse de las influencias negativas. Para obtener los mejores resultados, una cruz debe estar fabricada de oro y ungida una vez al día, ya sea con aceite de mirra o con agua bendita.

Cuerno

El cuerno dorado es un talismán popular llevado en un collar entre los italianos, como un amuleto para protegerse del mal de ojo. Cuando lo lleva un hombre, el cuerno (el cual es un antiguo y obvio símbolo fálico) aumenta el atractivo sexual y promueve la virilidad. Véase también Falo, en esta misma lista.

Diamante

(Piedra carbonífera.) El diamante es una gema altamente valorada que simboliza la paz, la fidelidad, la inocencia y la serenidad. Es un hechizo poderoso de buena suerte para todas las personas nacidas bajo el signo de Aries. Cuando se trae como joyería impide tener pesadillas, protege a las mujeres dormidas de los íncubos, equilibra tanto las energías positivas como las negativas y aporta confianza, sabiduría divina y conciencia. En la Edad Media, los diamantes se utilizaban como amuletos contra envenenamientos, las plagas, la pestilencia y la hechicería. Para alejar de sí a enemigos, locura y todos los animales salvajes y venenosos, de acuerdo con leyendas medievales, deberá sostener un diamante en su mano izquierda mientras se hacen las oraciones habituales.

Dientes de caimán

Para protegerse en contra de todo tipo de hechicerías, llevar puesto un collar con dientes de caimán. En diversos folclores se cree que los dientes de caimán también poseen el poder de curar el cuerpo y servir de contraveneno.

Dragón

El místico dragón es un símbolo de la China antigua. Representa al elemento masculino y positivo conocido como yang. Llevar cualquier pieza de joyería con forma de dragón representa un amuleto para el amor y la felicidad, y también puede ayudar a promover la fertilidad. Mantener un pequeño dragón de jade en su hogar permite eliminar todas las vibraciones negativas y alejar la mala suerte. La figura de un dragón grabada en un rubí atraerá la buena salud a quien lo posea, de acuerdo con una antigua creencia.

Esmeralda

(Berilio cristalizado en piedra preciosa transparente de color verde.) La esmeralda es el símbolo de la paz, del amor y de la vida eterna. Cuando se lleva como amuleto fortalece el amor, la inteligencia, la elocuencia y la popularidad. En cierta época se creía que los amuletos de esmeralda llevados por las mujeres embarazadas ofrecían una protección contra los abortos espontáneos. Otra antigua creencia consistía en que si se colocaba una esmeralda debajo de la lengua, le confería al portador el don de la profecía. Los amuletos de esmeralda aumentan la sensibilidad síquica cuando se sostienen encima del centro de la frente, en el lugar del chacra indio del tercer ojo. Si se lleva en un anillo en el dedo, protege al portador contra envenenamientos, fortalece la memoria, protege contra la posesión demoníaca y asegura el éxito en las empresas amorosas. Cuando lo llevan los viajeros, un amuleto de esmeralda atrae la buena suerte y se cree que calma las tormentas en el mar.

Falo

Llevar cualquier tipo de amuleto con forma de falo en un collar o en forma de dije, ya sea en una bolsa de amuletos o en el bolsillo o bolsa, aumentará la virilidad y el magnetismo sexual. Los amuletos de falo se utilizaban comúnmente en tiempos pasados en diversas culturas (en especial en la griega y en la romana) con el fin de impedir los efectos del mal de ojo.

Flecha

Para la protección contra todas las enfermedades y el mal de ojo, llevar un pendiente en forma de flecha en una cadena de plata alrededor del cuello. Es interesante saber que en tiempos antiguos se creía que dormir con una flecha que se hubiera sacado del cuerpo de alguna persona tenía el poder de un fuerte amuleto de amor.

Fluorita

(Piedra calcárea semi transparente lechosa, semi preciosa, de diversos colores.) La fluorita es una gema que aumenta la conciencia síquica y la comprensión de lo cósmico cuando se coloca delante del chacra indio del tercer ojo, durante los rituales de meditación.

Gemas de la buena suerte con los signos zodiacales

Cada uno de los signos astrológicos del zodiaco rige una o más gemas, las cuales se conocen como talismanes de nacimiento. Estas gemas se utilizan dentro de bolsas de amuletos o se llevan como joyería para atraer la buena suerte, prote-

gerse contra el mal, la mala fortuna y la enfermedad. Sin embargo, se considera de mala suerte
llevar un talismán de nacimiento de algún signo
zodiacal diferente al propio. Los doce signos
del zodiaco y sus gemas de la buena suerte
correspondientes son: Aries: coral y diamante;
Tauro: carnelia y esmeralda; Géminis: ágata y
alejandrina; Cáncer: piedra lunar, perla y todas
las gemas blancas; Leo: ámbar, rubí y todas las
gemas de color amarillo o dorado; Virgo: zafiro
y sardónix; Libra: ópalo y turmalina; Escorpión: topacio de cualquier color; Sagitario:
turquesa y circón; Capricornio: granate, lapislázuli y todas las gemas de color negro; Acuario:
amatista y jacinto; Piscis: aguamarina y sanguínea.

Granate

(Duro cristal de silicatos utilizado como piedra
semi preciosa transparente en su manifestación
rojo oscuro.) También conocido como la Piedra
de la pasión, el granate es un equilibrador de las
energías del yin y el yang. Aumenta la sensibilidad síquica y la energía sexual. Esta piedra
semi preciosa es la gema ideal para utilizarse
durante los rituales de meditación y también

puede utilizarse como joyería y amuleto para atraer el amor sexual y las almas gemelas. Cuando se coloca debajo de la almohada o se lleva puesto al dormir protege contra los malos sueños y los espíritus malvados de la noche. Un granate que se graba con el símbolo de un león es un poderoso amuleto para atraer la buena salud y el éxito. También protege contra todos los peligrosa quien lo lleva al viajar. Para atraer el amor, llevar un amuleto de granate con forma de corazón en una bolsa de amuletos de terciopelo color rojo colocado sobre su corazón (asegúrese de ungir la piedra cada viernes por la noche con tres gotas de aceite esencial de rosas o de pachulí).

Hechizos para protección contra el mal de ojo

El mal de ojo (también conocido como fascinación , descuido y jetatura) es el poder inherente para causar embrujamientos, daño, mala suerte o muerte a otros por medio de una mirada furiosa o venenosa. El mal de ojo es muy temido por la gente en casi todas las regiones del mundo y existen infinidad de hechizos mágicos, amuletos, talismanes e incantaciones utilizados para protegerse de él. Entre los numerosos amuletos contra el mal de ojo que existen, el más popular es el que consiste en un cuerno curvado, montado en oro y llevado en una cadena de oro alrededor del cuello. Otro amuleto consiste en hacer un puño (conocido como puño de higo) con el pulgar metido entre el índice y el dedo medio, señalando a quien se sospecha que lanzó el conjuro. Estos dos amuletos, muy populares en Italia y en Estados Unidos, son de naturaleza fálica y se remontan a tiempos antiguos. La imagen del ojo humano (en especial el Ojo de Horus) es otro amuleto muy conocido y muy efectivo en contra del mal de ojo y fue muy popular entre los antiguos egipcios. Tanto el símbolo de la Estrella de David (también conocido como Sello de Salomón) y la Mano de Fátima también lo han utilizado muchas personas para neutralizar o revertir los efectos del mal de ojo. Otros objetos utilizados como hechizos para protegerse contra el mal de ojo incluyen: dientes de ajo ensartados en un hilo de algodón blanco que se lleva como collar alrededor del cuello, colocar llaves de hierro entre los ojos, llevar cuentas redondas de color azul, cruces de oro, crucifijos, ojos de porcelana, aretes, anillos para la nariz, rocas de conjuro, conchas marinas, abanicos, silbatos, campanas, espejos, latón, coral, flecos de cabello, listones rojos, símbolos con forma de serpiente y varios amuletos con formas de animales.

Hematita

(Piedra con alto contenido de óxido de hierro. Cristalizada, es una piedra semipreciosa negra o rojo óxido oscuro.) Se considera una piedra sagrada que utilizaban los guerreros en la antigua Roma y Grecia como un amuleto para protegerse contra heridas y para aumentar la valentía en el campo de batalla.

Herradura

La herradura es un símbolo de la buena suerte muy conocido en muchas regiones de todo el mundo. De acuerdo con las tradiciones, clavar una herradura de hierro por encima del quicio de la puerta de su hogar u oficina, con la parte convexa apuntando hacia arriba, protegerá contra todo tipo de hechicerías, la mala suerte y contra el mal de ojo. Para atraer la buena suerte, clavar la herradura con la parte convexa hacia abajo. Llevar cualquier tipo de joyería en forma de herradura o llevar en una bolsa de amuletos una herradura miniatura, promueve la fertilidad, protege contra el mal y atrae la buena suerte. Para alejar de sí la mala suerte y la negatividad, llevar puesto un anillo fabricado con algún clavo para poner las herraduras a los caballos.

Hueso de los deseos

Llevar consigo una pieza de joyería en forma de hueso de la suerte (o incluso el hueso de la suerte de un pollo o guajolote real en un collar), como amuleto atrae la buena suerte, y concede los deseos y que se realicen los sueños. Para atraer a un nuevo amante a su vida, clavar un hueso de la suerte en la puerta de entrada de su hogar el último día del año y decir tres veces:

¡Amante mío, ven aquí!

Imán

(Ferrita magnética, piedra gris oscuro y opaca.) Estas piedras desde hace mucho tiempo las utilizan los practicantes de la magia blanca para crear campos de energía que bloquean y encierran a las vibraciones negativas. En tiempos remotos, los amuletos realizados con imán se llevaban para protegerse contra las mordeduras de serpientes y se dice que un imán colocado dentro del oído derecho permite al ser humano escuchar las voces de los dioses paganos.

Jacinto

(Piedra semi preciosa de circonio, de colores azul, naranja u ocre.) Llevar una gema de jacinto como dije o pendiente, o montado en un anillo, ayuda a la proyección astral y aumenta los poderes síquicos. Se lleva con frecuencia como un amuleto para el logro del honor, la prudencia y la sabiduría. También tiene la reputación de proteger contra los envenenamientos, el rayo, las heridas abiertas y los golpes. Igualmente, ayudará a minimizar los dolores de parto. Los poderes del jacinto como amuleto (montado en un anillo o dije) también puede utilizarse para protección contra las fuerzas sobrenaturales. En Italia, el jacinto se utiliza como la piedra natal de las personas nacidas en el mes de enero.

Jade

(Piedra semipreciosa que puede ser jadeíta o nefrita, de color entre blanco lechoso y verde oscuro opaco.) El jade es una gema mística sagrada para la diosa china de la conmiseración y la curación de enfermedades. Es el símbolo de la tranquilidad y de la sabiduría. Se dice que posee energía yang (el principio masculino vital) y en China, se creía que confería inmortalidad a quien lo poseyera. Cuando se usa como joyería de amuleto, el jade impide las pesadillas, cura muchas enfermedades y prolonga la vida. Llevar una mariposa fabricada con jade es un amuleto que atrae el amor y la buena suerte. Una estatua de jade que se coloque en el hogar, cerca de una ventana o en el jardín, evitará que el rayo caiga en la casa. Para aliviar los dolores de parto, colocar una figurilla de jade de Kuan Yin encima del ombligo de la parturienta.

Jaspe

(Cristal de cuarzo rojizo, amarillo u ocre.) También piedra semipreciosa de color verde opaco) El jaspe es una gema energizante que fortalece el intelecto cuando se lleva como un amuleto que tenga grabadas ciertas inscripciones cabalísticas. Es sagrado para la diosa Isis y lo utilizan muchas personas para protegerse del poder del mal de ojo, aliviar los dolores de parto y protegerse contra las heridas y las hemorragias. El jaspe verde repele a los fantasmas, ayuda a reducir las fiebres y protege contra las mordeduras de serpientes. El jaspe negro lo utilizan los campesinos en Italia como amuleto para protegerse contra los rayos.

Jet

(Piedra de lignito o carbón muy denso que al pulirse presenta una superficie brillante.) El jet se utiliza en joyería (en especial la destinada a mujeres de luto) y con frecuencia se le llama Piedra de exorcismo . Está regida por Saturno y tener un amuleto de jet en el bolsillo, bolsa de amuletos o cartera protege contra el mal de ojo y aleja las fuerzas demoniacas.

Lámpara de Aladino

Portar un amuleto de oro con forma de lámpara de Aladino con el fin de atraer la buena suerte y la felicidad en todo lo que se emprenda. Frotar el amuleto para emitir deseos y que los sueños se vuelvan realidad.

Lapislázuli

(Piedra semi preciosa de color azul, con frecuencia mezclada con varios metales.) Esta piedra es una poderosa gema que atrae el amor y está dedicada a las diosas Afrodita, Venus e Isis. Ayuda en la meditación y al desarrollo de los poderes síquicos cuando se coloca encima del centro de la frente, en el lugar del chacra indio del tercer ojo. Con frecuencia lo utilizan las hechiceras para sus conjuros de amor y como amuletos protectores de las influencias negativas y las fuerzas malévolas sobrenaturales. El lapislázuli también es un talismán muy poderoso para atraer la buena suerte a las personas nacidas bajo el signo astrológico de Capricornio.

Luna creciente

La Luna en cuarto creciente es un símbolo sagrado y también de magia, fertilidad y de los poderes secretos de la naturaleza. Llevar un pedazo de cuarzo con forma de Luna en cuarto creciente tiene la fuerza de un amuleto para atraer a un amante o alma gemela, así como un amuleto femenino para atraer la fertilidad. Los amuletos con forma de Luna en cuarto creciente se dice que son extremadamente fuertes para la buena suerte de las personas nacidas bajo el signo astrológico regido por ese cuerpo celeste: Cáncer.

Mano de gloria

En la época medieval, un candelabro macabro realizado con la mano momificada de un criminal muerto por ahorcamiento, conocido como Mano de gloria , era empleado por los ladrones y brujos como un talismán mágico que confería la invisibilidad, abría puertas cerradas y paralizaba o ponía a las víctimas en una especie de trance. De acuerdo con la leyenda, la única forma de protegerse contra la Mano de gloria y cancelar el poder del talismán era extinguir la llama del candelabro con la ayuda de un chorro de leche. Hoy, la Mano de gloria es sólo una vela de cera con la forma de una mano. Se enciende para propiciar la buena suerte y para protección contra toda manifestación de maldad, especialmente el mal de ojo.

Medalla de san Cristóbal

Éste es un poderoso amuleto de protección. Llevarlo en un collar o en una bolsa de amuletos de franela púrpura para la protección contra accidentes y mala suerte durante los viajes (se dice que san Cristóbal es el santo patrono de los viajeros, aunque la Iglesia católica lo haya dejado obsoleto).

Nuez de la bellota

Una nuez de bellota ungida con aceite de almizcle y que se porte dentro de la bolsa de mano, bolsillo o bolsa de amuletos le ayudará a atraer personas del sexo opuesto. Para aumentar sus ingresos, unja una nuez de bellota con tres gotas de aceite de pinos cuando la luna esté en su fase decreciente y entonces, entiérrela en su jardín tan cerca de la puerta principal de entrada como sea posible. Para aquellas hechiceras o paganos que siguen la tradición druida o celta, tres nueces de bellota colocadas en un altar en la noche del primer sábado de julio, ayudará a aumentar los poderes mágicos o adivinatorios, así como a conceder paz y protección al círculo druida. Hubo una época en que las nueces de bellotas las utilizaban comúnmente los practicantes de las artes ocultas como un amuleto para ganar inmortalidad.

Ojo de Horus

También conocido como Udyat o igualmente como El ojo que todo lo ve , el Ojo de Horus es un antiguo símbolo que se asocia con las ciencias ocultas y se utiliza en la hechicería moderna como un amuleto para conseguir sabiduría, prosperidad, protección espiritual, buena salud, el aumento de los poderes de clarividencia y la protección contra ladrones y el mal de ojo. En Egipto antiguo, el Ojo de Horus era uno de los más populares e importantes símbolos y se utilizaba como amuleto funerario para proteger al muerto contra las fuerzas del mal y favorecer el renacimiento en el mundo subterráneo.

Ojo de tigre

(Piedra semipreciosa con coloraciones estriadas en amarillo, ocre y café.) Para protegerse contra el poder del mal de ojo, portar o llevar consigo una gema de ojo de tigre. De acuerdo con el folclor y las leyendas medievales, el ojo de tigre posee poder sobrenatural para volver a su portador invisible, para alejar todas las formas de brujería, protegerse en contra de la ruina financiera y curar todos los padecimientos oculares, enfermedades crónicas, asma y tosferina.

Ónix

(Ágata que suele presentarse en capas de distintos colores.) Los amuletos fabricados con ónix protegen a su poseedor de los peligros y los accidentes, estimulan a la mente, aportan valentía y fuerza, aumentan la sabiduría espiritual y desbaratan la negatividad. El ónix está regido por el planeta Saturno y por lo tanto, posee una poderosa vibración de Capricornio y Acuario. En India, el ónix se utiliza como talismán para defenderse del mal de ojo y también para controlar los deseos amorosos.

Ópalo

(Silicona hidratado cristalizado amorfo de diversos colores.) El ópalo es un poderoso amuleto para las personas nacidas bajo el signo astrológico de Libra. Aumenta los poderes de clarividencia, equilibra la siquis, agudiza la memoria, atrae la buena suerte y proporciona poder de curación a su poseedor. El ópalo está regido por la Luna y es sagrado para todas las deidades lunares. El ópalo negro (variedad de Australia) está considerada como la gema más afortunada en el mundo y apropiada para los doce signos zodiacales.

Pata de conejo

Amuleto que puede considerarse el más popular para atraer la buena suerte en los tiempos modernos. Habitualmente, se lleva colgado de una cadena o se cuelga de un collar para proteger contra accidentes y los males en general, así como para aumentar la buena suerte, la felicidad y la fertilidad.

Pendiente en forma de rayo

Llevar un pendiente redondo de plata con un símbolo de un rayo pintado o grabado es un amuleto que despierta o aumenta los poderes para lanzar hechizos y conjuros.

Pentáculo de Venus

Llevar un Pentáculo de Venus consagrado en una cadena de plata o en un collar hecho con hilo rojo y verde, es un amuleto mágico que atraerá la pasión y el romance a la vida del portador o portadora. El pentáculo de Venus (el cual se puede obtener fácilmente en cualquier tienda de ocultismo o en catálogos de venta por correo), también tiene efectos benéficos para quien desee realizar un matrimonio de amor.

Pentagrama

Éste es uno de los más poderosos e importantes símbolos paganos utilizados por las hechiceras y magos ceremoniales. El pentagrama (una estrella de cinco puntas encerrado en un círculo), representa los cuatro antiguos elementos místicos del fuego, el agua, el aire y la tierra, englobados por el espíritu. Llevar como dije o pendiente este tipo de joyería con esta forma o con el grabado de él, hace que se abra la mente a los misterios de la magia, aumentará la conciencia de lo síquico, protegerá contra todo espíritu maligno y fuerzas negativas y fortalecerá las fuerzas para lanzar hechizos.

Perla

(Considerada una piedra preciosa, si bien es una excrecencia de las ostras que cubren con sustancias calcáreas cualquier objeto intruso en su concha para protegerse.) Las perlas son sagradas para todas las deidades lunares y son parte de casi cualquier hechizo de amor en el Oriente. Llevarlas como joyería de amuleto o guardadas en bolsas de amuletos para curarse de enfermedades, protegerse contra incendios y para alejar de sí al mal. Las perlas están regidas por la luna y se dice que son poderosos talismanes para todas las personas nacidas bajo el signo de Cáncer (tome nota que las perlas deben llevarse en contacto con la piel para que no pierdan ni su brillo ni su poder como amuleto).

Piedra lunar

(Feldespato que tiene lustre de madreperla. Piedra semipreciosa lechosa semitransparente) Para ver el futuro, según un antiguo grimario de artes mágicas, colocar el amuleto de piedra lunar en su boca en una noche de plenilunio. Para atraer a un alma gemela, inspirar pasiones de ternura o para proteger a un amor, póngase un anillo con una piedra lunar (dedicada a la diosa del amor Afrodita) como joyería de amuleto. Llevar en la bolsa de amuletos una piedra lunar atrae la buena suerte e impide el nerviosismo. Los poderes de la piedra lunar (también conocida como piedra del amor) son muy fuertes cuando la piedra la poseen los nacidos bajo el signo regido por la Luna: Cáncer.

Piedra sanguínea

(Piedra semipreciosa de cuarzo verde oscuro con chispas de color rojo oscuro.) Es una gema mística con numerosas propiedades mágicas. Portar o llevar consigo un amuleto de esta piedra estimula los poderes proféticos, desvía los rayos, conjura tormentas y terremotos o preserva la buena salud. A esta piedra también se le acreditan poderes divinos para curar enfermedades inflamatorias, tumoraciones y para detener hemorragias. La piedra sanguínea es un amuleto especialmente poderoso para atraer la buena suerte a todas aquellas personas nacidas durante el mes de marzo.

Plumas de buitre

Para curar o prevenir el reumatismo, de acuerdo con el folclor, debe llevarse detrás de la oreja una pluma de buitre. Algunas personas creen que una bolsa de amuletos llena de plumas de buitre, atada al cuello, alivia a los niños el dolor que les provocan los dientes al salir. Las plumas de buitres las han utilizado también los indios norteamericanos en ciertos rituales de exorcismo o, en general, para alejar los malos espíritus; asimismo, se han empleado en ciertos hechizos hudúes para provocar que los enemigos enloquezcan.

Punta de flecha

Portar o cargar consigo una punta de flecha es una protección contra los enemigos, la mala suerte, los conjuros malvados, la envidia y los celos, los espíritus malvados y todas las fuerzas negativas. Colocar encima de la puerta de entrada principal del hogar una punta de flecha (o debajo del tapete de entrada) impide que los ladrones entren en su hogar y mantener una en su gorra para ayudarlo a protegerse en contra de accidentes y robos.

Raíz de Adán y Eva

(Orquídea americana, *aplectrum hyemale*.) Traer consigo una raíz de Adán y Eva ungida con aceite de almizcle o de rosas en el bolsillo, bolsa de mano o bolsa de amuletos, servirá para atraer personas del sexo opuesto o para volver más poderosa cualquier forma de magia amorosa.

Raíz de mandrágora

La mandrágora es una planta narcótica y venenosa que se asocia con la brujería y la hechicería medievales. Se considera la planta mágica por excelencia. Es poderosa en cualquier forma usada en hechizos y conjuros y se considera un poderoso afrodisiaco en el Lejano Oriente. La mandrágora está regida por el planeta Venus y sus raíces, las cuales frecuentemente adoptan formas humanas, se utilizan como amuleto para aumentar los poderes síquicos, incrementar la fertilidad y la virilidad, revelar dónde están los tesoros e inspirar la pasión y el romanticismo.

Rubí

(Variedad de corundum de un rojo sangre que se utiliza como piedra preciosa en joyería fina.) Es considerado un poderoso amuleto y trabaja mejor para quienes nacieron bajo el signo de Leo. Proporciona paz mental, estimula la sexualidad, quita toda maldad y pensamientos impuros, protege contra las tempestades, destierra la tristeza e impide las pesadillas. Un amuleto fabricado en forma de corazón atrae el amor cuando se lleva encima del corazón o se lleva dentro de una bolsa de amuletos de color rojo que se llena con conchas marinas y hierbas votivas de Venus.

Sardónix

(Variedad de ónix en capas de colores distintos que se utiliza para fabricar camafeos.) Cuando se utiliza o lleva como amuleto, la piedra de sardónix impide los abortos y protege contra la brujería. Atrae amor, felicidad, buena suerte y prosperidad a todos aquellos que nacieron bajo el signo de Leo.

Sello de Salomón

También conocido como Estrella de David , el Sello de Salomón se remonta a la Edad del Bronce y es un poderoso símbolo con muchas cualidades místicas y mágicas. Antes de volverse el prominente símbolo del judaísmo, la estrella de seis puntas era utilizada por muchos alquimistas y magos en la preparación de amuletos. También formaba parte de la magia celta y era empleado por los sacerdotes druidas como un sello mágico para protegerse contra los fantasmas malignos de la noche. Como amuleto, el Sello de Salomón se cree que protege contra enemigos de todo tipo y contra el mal de ojo, controla los espíritus y atrae la buena suerte en todos los aspectos de la vida. En algunas partes de África occidental, el Sello de Salomón es el símbolo del amor apasionado.

Símbolo del ave del rayo

(Esta ave está en la mitología de ciertas culturas indígenas de América del Norte y se presenta en forma de un enorme pájaro que produce el trueno, los rayos y la lluvia.) Utilizado por los indios del noroeste de los Estados Unidos como amuleto para atraer la lluvia, el trueno y los rayos, es una poderosa protección contra todo tipo de males y tiene la reputación de dar buena suerte a los jugadores de azar.

Símbolo solar

Si desea adquirir riqueza, buena salud, alcanzar éxito o fama, lleve un talismán de oro con forma de sol dentro de una bolsa de amuletos dorada o amarilla. Este talismán también es efectivo como amuleto si siente que otras personas le han estado causando daño. El símbolo del sol es sagrado para todas las deidades solares y tiene especial poder para las personas nacidas bajo el signo astrológico de Leo.

Staurolita

(Cristales de silicatos de hierro y de aluminio, con frecuencia se hayan en forma de cruz y son de colores oscuros.) Se les conoce también como Cristal de las Hadas y pueden llevarse como amuletos para la protección contra todas las formas de magia negra y para atraer la buena suerte. Llenar una bolsa de amuletos con cristales de staurolita y floraciones blancas de fresno europeo y llevarlo con una cuerda alrededor del cuello, atraerá la benevolencia de los habitantes de los pueblos de hadas.

Tiqui

Utilizar un amuleto de tiqui para preservar o restaurar la potencia sexual masculina. El tiqui es de origen polinesio y representa al primer hombre de la Tierra que fuera creado con barro de color rojo por el dios Tane (una de las deidades principales de muchas mitologías polinesias). El tiqui debe esculpirse en nefrita (piedra de color rojo óxido oscuro o negra) o de un hueso de una ballena y llevarse en una cadena alrededor del cuello.

Topacio

(Cristales de silicato de aluminio y fluorina de color blanco, amarillo, azul pálido o verde pálido de gran dureza.) Es una gema energizadora que estimula el intelecto, aumenta el valor y deshace la negatividad. Llevar cualquier tipo de joyería con un topacio como amuleto protege contra daños por accidente y contra los ataques físicos. Un brazalete con topacios que se lleve puesto en la muñeca izquierda mantendrá alejados a los malos espíritus y cancelará todo tipo de brujerías. Se dice que el topacio atrae la felicidad, la longevidad, la belleza, la inteligencia y la buena suerte para las personas nacidas en el mes de noviembre.

Trébol de cuatro hojas

La buena suerte sonreirá a quien tenga consigo un trébol de cuatro hojas o bien, que lleve un anillo, pendiente, arete o dije con su forma. El trébol de cuatro hojas (una planta muy mágica y un poderoso amuleto de origen irlandés) se cree que es el más poderoso de los amuletos naturales y es especialmente favorable para las personas nacidas bajo los signos astrológicos de Cáncer y Piscis. Era sagrado para la trinidad y era utilizado por los antiguos druidas como un talismán contra todo mal y para conseguir los poderes de clarividencia.

Turmalina

(Complejo mineral cristalizado de boro y aluminio y trazas de otros minerales de color generalmente oscuro y transparente.) Gema que simboliza la vitalidad y que si se lleva en una bolsa de amuletos, protege contra la enfermedad. Llevada como joya de amuleto, sirve para atraer a una persona que lo ame. La turmalina negra desvía la negatividad del portador, desbarata los miedos y equilibra el aura. Realiza la conexión entre lo físico y lo espiritual y disminuye la furia, los celos y los sentimientos de inseguridad. La turmalina verde, también conocida como verdelita , posee el poder para atraer el dinero y el éxito. La variedad rosa de turmalina, también conocida con el nombre de rubelita, atrae la tranquilidad, disminuye los miedos, protege el aura contra la negatividad e induce a tener sueños tranquilos. La turmalina color salmón cura las emociones, equilibra las energías sexuales y estabiliza las energías de la polaridad yin y yang. La turmalina amarilla estimula el cerebro, fortalece los poderes síquicos y aumenta tanto la sabiduría como la comprensión.

Turquesa

(Piedra semipreciosa de color azul claro verdoso, fosfato de aluminio hídrico con trazos de cobre.) La turquesa es una gema mística sagrada para los indígenas norteamericanos del suroeste de los Estados Unidos. En el Oriente es utilizada como talismán protector para los caballos y sus jinetes. En México, es un amuleto muy popular para atraer la buena suerte. Para protección contra las malas influencias, portar una pieza de turquesa en una bolsa de amuletos de color azul los días viernes. Una pieza tallada de turquesa trae buena suerte a la casa y se dice que posee el poder de hipnotizar a los animales salvajes. La turquesa con frecuencia se usa como un amuleto de resguardo contra el mal de ojo, contra las mordeduras de insectos y reptiles venenosos y contra envenenamientos, ceguera, asesinato y muerte accidental. Absorbe los sentimientos negativos y posee fuertes vibraciones para la curación.

Zafiro

(Variedad de corundum con color azul transparente que se usa en joyería fina.) El zafiro es una gema con muchos poderes sobrenaturales y es el símbolo de la armonía y la paz. Cuando se lleva como amuleto, el zafiro atrae la felicidad y el contento y protege a quien lo lleva contra la mala suerte, el fraude, la furia de los enemigos, la violencia, el mal de ojo, la brujería, los ataques síquicos y la muerte accidental. Si se coloca un zafiro encima del chacra indio del tercer ojo, estimulará las energías síquicas y permitirá mirar hacia el futuro. El zafiro atrae excepcional buena suerte a las personas nacidas bajo el signo astrológico de Tauro y también aquellas personas nacidas en el mes de abril.

LA MAGIA DE LAS BOLSAS DE AMULETOS

Una bolsa de amuletos es un pequeño saco en el que se guardan amuletos de reducido tamaño y que se emplea para atraer o alejar de sí ciertas influencias. Habitualmente, fabricado con cuero o tela de algodón (franela por lo general) y se rellena con diversos materiales mágicos como hierbas, piedras, plumas de ave y huesos. Las bolsas de amuletos pueden llevarse colgadas en un collar, en una bolsa de mano o en un bolsillo. Las utilizan comúnmente los chamanes, los practicantes de la religión wiccana de la tradición ecléctica y los seguidores del hudú (el hudú es una magia popular semejante al vudú, el cual es bastante aceptado en muchas regiones rurales del sur de los Estados Unidos, en especial en el estado de Louisiana).

Para que una bolsa de amuletos funcione apropiadamente, todo lo que se ponga dentro de la bolsa debe poseer las vibraciones mágicas correspondientes al hechizo o conjuro que se pretende. Por ejemplo, una bolsa de amuletos que se realiza con el fin de atraer a un nuevo amor debe contener sólo hierbas, gemas u otros objetos asociados con la magia del amor o simbolizando el romanticismo.

Para personalizar y darle todavía más poder a la bolsa, en el contenido se incluye algo personal (como sería un mechón de cabellos o recortes de uñas) de la persona para quien se prepara, junto con los objetos mágicos. Una gema de nacimiento adecuada o algo que contenga el símbolo astrológico de la persona, grabado o escrito, también aumenta el poder del hechizo.

Las bolsas de amuletos pueden adquirirse en la mayoría de las tiendas de objetos del ocultismo o por medio de los catálogos especializados de venta por correo, pero si se prefiere fabricar personalmente (como lo hacen muchas hechiceras y brujos), en seguida, las sencillas instrucciones para realizarla:

De una pieza de piel curtida o de franela de algodón (del color mágico apropiado), recortar dos piezas cuadradas de igual tamaño (de 3 por 3 pulgadas o 7.5 cm por lado). Poner las dos piezas recortadas una encima de la otra y coser tres de sus lados para formar un pequeño saco con boca abierta. Volver el interior hacia el exterior para dejar la costura al interior y llenar la bolsa con los ingredientes mágicos que pide el hechizo. Cierre la boca del saquito doblándola aproximadamente un centímetro (¼ de pulgada) como si fuera la ceja de un sobre, o bien, hacer pasar un cordón o tira de cuero por el doblez para amarrar cerrada la bolsa de amuletos. (Nota importante: antes de que fabrique su propia bolsa de amuletos, asegúrese de que la realiza en la fase lunar apropiada. Para más información, véase el capítulo uno.) Después de que se llenó y cerró la bolsa de amuletos, debe limpiarse ritualmente de toda vibración negativa inmediatamente y luego, cargarse con poder mágico.

Ritual de consagración y carga mágica de la bolsa de amuletos

Trazar (siguiendo el sentido de avance de las agujas del reloj) un círculo mágico de por lo menos seis pies (1.80 m) de diámetro, dentro del cual se levantará un altar que dé frente al norte, justo en su centro.

En el lado derecho del altar (hacia el este), colocar un incensario lleno con frankincense (resina de árboles árabes y africanos del género Boswellia) y mirra para representar el elemento aire.

En el frente del altar, frente a usted (hacia el sur), colocar una vela del color mágico apropiado para representar el elemento fuego.

Al lado izquierdo del altar (que da al oeste), colocar un vaso con agua (ya sea agua bendita o de lluvia que haya sido bendecida por una hechicera o un brujo wiccanos) para representar el elemento agua (en lugar del agua, también puede utilizar vino blanco, su perfume o colonia preferida o una botella con el aceite de hierbas mágicas apropiadas).

En la parte trasera del altar (el que da frente al norte), colocar un pequeño caldero o platillo que contenga arena, tierra suelta o sal, para representar al elemento tierra.

Encender la vela y el incienso. Tomar la bolsa de amuletos en su mano derecha y hacerla pasar por el humo del incienso mientras se dice:

Con el poder de los cuatro antiguos elementos
consagro esta bolsa de amuletos
y la dedico como una herramienta
de la magia wiccana positiva.
Oh, antiguos dioses del aire y todos
los espíritus elementales del este,
hagan que esta bolsa de amuletos se cargue ahora
con la energía mística
de su luz blanca divina.

Mover la bolsa de amuletos en círculo (como las agujas del reloj) alrededor de la llama de la vela y decir:

Oh, antiguos dioses del fuego
y de todos los espíritus elementales del sur
hagan que esta bolsa de amuletos se cargue ahora
con la energía mística
de su divina luz blanca.

Colocar la bolsa de amuletos encima del altar y proceder a ungirla con tres gotas de agua del vaso. Con sus brazos abiertos, colocar ambas manos con las palmas hacia abajo, manteniéndolas en el aire, a aproximadamente seis pulgadas (15 cm) de distancia y decir:

Oh, antiguos dioses del agua
y de los espíritus elementales del este,

hagan que esta bolsa de amuletos se cargue ahora
con la energía mística
de su divina luz blanca.

El paso final es colocar la bolsa de amuletos
en el platillo o caldero con la arena, la tierra
suelta o sal y decir:

Oh, antiguos dioses de la tierra
y de los espíritus elementales del norte,
hagan que esta bolsa de amuletos se cargue ahora
con la energía mística
de su divina luz blanca.
Bendita sea en el nombre de la Diosa
y en el nombre de su consorte
el gran dios con cuernos.
¡Que así sea!

Luego de que se termine el ritual de la consagración, sostener la bolsa de amuletos en ambas
manos formadas como una copa y suavemente
soplar sobre ella mientras se concentran sus
pensamientos e intenciones en ella. La bolsa de
amuletos cargada responderá a la energía de su
voluntad.

También es una buena idea nunca permitir
que nadie, fuera de usted (o de los miembros de
su círculo de brujas), toque su bolsa de amuletos

o mire en su interior, ya que alterará las energías mágicas y las vibraciones síquicas con las que la cargó (si llegara a suceder esto a pesar de todo, lave la bolsa de amuletos con agua bendita o con agua de lluvia bendecida por wiccanos tan pronto como se dé cuenta y luego, vuelva a consagrarla a la luz de una vela nueva del color mágico apropiado.

Para invertir o romper la magia de una bolsa de amuletos

Cuando la Luna se encuentre en cuarto menguante, trazar un círculo de por lo menos seis pies (1.80 m) y erigir un altar que dé frente al norte, dentro de su perímetro.

Sobre el altar, colocar un caldero de hierro fundido o un cenicero de metal, un vaso o copa con brandy y un vaso con agua bendita o agua de lluvia bendecida por un wiccano.

Sostener la bolsa de amuletos entre sus manos con las palmas oprimiéndose suavemente, como si se fuera a hacer oración. Ponerse de pie en el centro del círculo, frente al este, y recitar la siguiente incantación:

El aire gira, el fuego quema,
el agua carga, la tierra entierra.
Mientras el hechizo mágico se expresa
que su poder se rompa.

Girar en el centro del círculo en tres ocasiones (en el sentido contrario al avance de las manecillas del reloj), mientras desea con voluntad que el poder de la bolsa de amuletos se pierda.

Colocarla en el caldero o cenicero metálico. Rociarla con un poco del brandy y entonces, encenderla con un cerillo. A medida que se quema la bolsa, recitar la incantación.

Mezclar las cenizas con tres gotas del agua y repetir la incantación.

El paso final es enterrar las cenizas en un pequeño hoyo en el suelo, en algún lugar tranquilo que no se disturbe, como en un bosque, un cementerio o un jardín escondido. Mientras llena el hoyo con la tierra sacada, repetir la incantación mágica una última vez y añadir las palabras ¡Que así sea! al finalizar la incantación.

Bolsa de amuletos para el amor

Para atraer el amor, llenar una bolsa de amuletos

de color rojo con algunas hierbas regidas por Venus (como hierba de gatos, zarzas o hierba yarrow, *achillea millefolium*), un pedazo de cáscara de limón secada al sol, un trozo de coral rojo, un mechón de su propio cabello (o vellos púbicos si se desea amor sexual) y cualquiera de las siguientes raíces de la magia del amor: raíz de Adán y Eva, raíz de ginseng, raíz de mandrágora o raíz de iris.

Sellar la bolsa de amuletos. Consagrarla y cargarla. Llevarla diariamente colgada o amarrada con un cordón blanco o colgada de una cadena de oro.

Si tiene en mente a alguien en particular que desee, fije sus pensamientos en él o ella (especialmente al fabricar la bolsa de amuletos), diga con frecuencia su nombre y en secreto frote la bolsa siempre que esté en su presencia.

Para mantener potente la magia de la bolsa de amuletos y para impedir que cualquier influencia o vibraciones negativas interfieran con sus poderes, también debe ungir una vez a la semana, los viernes por la noche, con tres gotas de champaña rosada o con aceite de rosas y hacerla pasar al través del humo de incienso de pachulí.

139

Bolsa de amuletos de la buena suerte para el jugador

Cuando la Luna esté en cuarto menguante, tomar una nuez moscada y hacerle un agujero. Llenarlo con mercurio puro y, entonces, sellar el agujero con cera.

Colocar la nuez moscada dentro de una bolsa de amuletos de franela roja junto con raíz de hoja santa, alguna hierba con cinco hojas por rama y un imán con mucha fuerza magnética.

Coser la bolsa de forma que nada del contenido salga y consagrar la bolsa de amuletos y cargarla con poder.

Una vez a la semana, los jueves por la noche, ungir el exterior de la bolsa de amuletos con tres gotas de aceite de lavanda (o cualquier otro aceite que atraiga el dinero).

No permitir que nadie, aparte del poseedor, toque jamás la bolsa de amuletos y llevarla siempre consigo (en su bolsillo o bolso de mano).

Para mantener potente la bolsa de amuletos del jugador de azar, frotarla diariamente con una moneda de plata (de preferencia una que lleve grabada la fecha de nacimiento del poseedor).

Bolsa de amuletos para rompimiento y desviación de conjuros

Para romper con el poder de cualquier conjuro, llenar una bolsa de amuletos roja con partes iguales de genciana, rosa de té y hierba con cinco hojas.

Sellar la bolsa de amuletos, consagrarla y cargarla. Llevarla diariamente (Nota importante: asegurarse de que la bolsa de amuletos se confeccione en una noche cuando la Luna esté en su fase decreciente, ya que es el momento de realizar todas las formas de magia que rompe los conjuros, maldiciones y mal de ojo.)

Bolsa de amuletos para conseguir un trabajo

Para ayudar en la búsqueda de un trabajo de empleado, llenar una bolsa de amuletos de color verde con un poco de raíz de arenilla en una noche cuando la luna esté decreciente y/o en el signo astrológico de Virgo o Capricornio.

Sellar la bolsa de amuletos, consagrarla y cargarla de magia y luego, llevarla en el cinturón o alrededor del cuello en un collar. También se puede llevar en el bolsillo o bolso de mano cuando se hacen solicitudes de empleo o se dirija a una entrevista de trabajo.

Bolsa de amuletos de protección contra la mala suerte y el mal

Cuando haya plenilunio, llenar una bolsa de amuletos de color negro con un puñado de bálsamo (basiliscum) y tres dientes de ajo.

Escribir el nombre completo, fecha de nacimiento y signo astrológico personal en un pedazo de cera blanca de forma triangular. Ungirla con una gota de sangre de la persona y colocarla luego dentro de la bolsa de amuletos.

Sellar la bolsa, consagrarla y cargarla. Llevar la bolsa de amuletos en todo momento. Siempre que se perciba la presencia del mal o se presienta algún peligro, frotar la bolsa de amuletos y recitar la siguiente incantación mágica:

Oro por que cuente con tu protección.
Que todo mal sea desviado de mí.

Protégeme toda la noche.
Protégeme todo el día
y mantén mi mala suerte lejos de mi.

Bolsa de amuletos para adquirir poder sobre otros

Cuando la Luna decreciente esté en el signo de Aries, Leo o Escorpión, llenar una bolsa de amuletos de color púrpura con hierba de fierro seca y un pequeño pentagrama de madera o metal en el que se haya escrito su nombre y fecha de nacimiento completos.

Sellar la bolsa de amuletos, consagrarla y cargarla. Llevarla siempre consigo.

Bolsa de amuletos para la amistad

Cuando la Luna esté en fase decreciente o en el signo astrológico de Acuario, llenar una bolsa de amuletos de color rosa con flores secas de la hierba común conocida en inglés como Joe-pye weed (planta perenne americana del género Eupatorium), junto con un bulbo de tulipán o un pedazo de raíz de mandrágora seca en la que se escriba el nombre y la fecha de nacimiento completos y el símbolo sagrado pagano de la estrella de cinco puntas, en un círculo.

Sellar la bolsa de amuletos, consagrarla y cargarla. Llevarla en el bolsillo o bolso de mano para aumentar su popularidad y ganarse amigos.

Bolsa de amuletos para favorecer la paz, la prosperidad y la felicidad

Cuando la Luna esté en fase decreciente, llenar una bolsa de amuletos (de color blanco o azul) con polen de la planta acuática llamada cola de gato (de la familia Typhaceae, género Typha, especie *typha latifolia* y *typha angustifolia*), agujas secas y molidas de pino de aguja larga, un pedazo de madera petrificada y una pluma de paloma.

Sellar la bolsa de amuletos, consagrarla y cargarla. Llevarla en el bolsillo o bolso de mano, y la bolsa de amuletos cerca del corazón.

Bolsa de amuletos para recuperar la virilidad perdida

Con Luna llena y a la luz de una vela con forma de falo, llenar una bolsa de amuletos de tamaño mayor que la común y de color rojo con una raíz entera de mandrágora o raíz de víbora, un clavo para herraduras, recortes del vello púbico masculino, un imán fuerte, el cascabel de una víbora, un bulbo de tulipán en el que se escribió el nombre completo y fecha de nacimiento del hombre a quien se destina y un amuleto tiqui o un talismán de toro o de pez.

Sellar la bolsa de amuletos, consagrarla y cargarla. Llevarla consigo en todo momento en el bolsillo. Frotar la bolsa de amuletos diariamente en los genitales y antes de cada vez que se tengan relaciones sexuales, lo que volverá más viril al poseedor de la bolsa de amuletos.

Bolsa de amuletos para aumentar la fertilidad femenina

Cuando la Luna está llena, rellenar una bolsa de amuletos de seda o franela verde con una raíz de mandrágora seca, recortes de los vellos púbicos de la mujer, un Ankh egipcio o un talismán con forma de dragón, un par de pinzas de cangrejo y cualquier gema de color verde (esmeralda, jade, jadeíta) en la que se escriba el nombre completo y la fecha de nacimiento de la mujer objeto del hechizo de fertilidad.

Sellar la bolsa de amuletos, consagrarla y cargarla. Llevarla en todo momento en el bolsillo o cinturón. Frotar la bolsa de amuletos en los genitales diariamente y antes de cada vez que se vayan a tener relaciones sexuales con su pareja para ser más fértil.

Bolsa de amuletos para ganar pleitos ante los tribunales

Quemar pedazos secos de raíz de jengibre (géneros Alpinia y Cyperus), a medianoche, durante dos semanas seguidas antes de ir al tribunal.

La noche anterior a la presentación ante el tribunal, colocar todas las cenizas en el interior de una bolsa de amuletos de color verde, junto con algunos dientes de tiburón y un pedazo de turquesa en la que se escribió el nombre y la fecha de nacimiento completa del litigante que desea ganar el caso, así como el símbolo sagrado pagano del pentagrama.

Sellar la bolsa de amuletos, consagrarla y cargarla. Llevarla consigo al tribunal para ganarse una decisión favorable del juez.

Bolsa de amuletos para fortalecer los poderes síquicos

Cuando la Luna esté llena o en fase decreciente y en el signo astrológico de Acuario o Piscis, llenar una bolsa de amuletos de seda o franela de color púrpura con clavos de olor y un Ankh egipcio.

Con un alfiler o aguja esterilizado, picarse la yema del pulgar izquierdo (si es diestro) o del pulgar derecho (si es zurdo) y con tres gotas de sangre, ungir una gema de berilio en el que se trazó el símbolo del pentagrama o del pentalfa. Colocar el berilio dentro de la bolsa de amuletos y sellarla.

Después de consagrarla y cargarla a la luz de una vela color púrpura, frotar la bolsa de amuletos encima del centro de la frente, en el lugar del chacra indio del tercer ojo, diariamente y durante sus rituales de meditación, y dormir con la bolsa de amuletos debajo de su almohada todas las noches.

En un corto periodo se debe sentir un notable aumento de sus poderes telepáticos, de clarividencia y de adivinación.

Bolsa de amuletos para aumentar la pasión amorosa

Para aumentar la pasión amorosa en su vida o su atractivo sexual, encender una vela roja (de preferencia con aroma de manzana, canela o fresa) cuando la Luna esté en su fase decreciente y llenar una bolsa de amuletos de franela o seda roja con una raíz de mandrágora, algunos botones o pétalos de rosas secas, un amuleto del dios egipcio Bast y una gema de granate tallada en forma de corazón en la que se escribió el nombre (o el nombre de hechicera eke) y la fecha de nacimiento completos.

Sellar la bolsa de amuletos, consagrarla y cargarla. Llevar la bolsa de amuletos en el bolsillo o bolso de mano para ayudarlo a ser más atractivo para el sexo opuesto. Ungir la bolsa de amuletos con un poco de aceite de almizcle y colocarla debajo de la cama, antes de tener relaciones sexuales con el fin de aumentar sus energías sexuales y las de su pareja.

Bolsa de amuletos de runas

PARA PROTECCIÓN CONTRA LA MALA SUERTE Y EL MAL DE OJO: Llevar consigo una bolsa de amuletos consagrada y cargada de color púrpura o negra fabricada con seda y llenarla con un puñado de bálsamo (*basiliscum*), tres dientes de ajo, una raíz de víbora, un granate o un lapislázuli y la piedra sagrada de runa ELOH.

PARA AUMENTAR SUS PODERES DE CURACIÓN: Llevar consigo una bolsa de amuletos consagrada y cargada fabricada con seda azul rey y llenada con hierba de eucalipto, una gema de turquesa y la piedra sagrada de runa BOERC.

PARA ATRAER A SU VIDA EL AMOR DE OTROS: Llevar consigo una bolsa de amuletos de seda rosa y llenarla con timo, una raíz de Adán y Eva (orquídea americana, *aplectrum hyemale*), hierba de gato (*nepela cataria*), una gema de turmalina o cuarzo rosa y la piedra sagrada de runa LAGU.

PARA ATRAER A SU VIDA EL DINERO Y EL ÉXITO: Llevar consigo una bolsa de amuletos de seda verde y llenada con hierba comfrey (género Symphytum), una raíz de arbusto de la familia de los laureles (géneros Myrica y Pimenta racemosa), una gema de ojo de tigre, una moneda con la fecha de su año de nacimiento y la piedra sagrada de runa FEOH.

PARA CONSEGUIR LA PAZ Y LA ARMONÍA: Llevar una bolsa de amuletos consagrada y cargada, fabricada con seda azul claro y colmada con lavanda seca, una gema aguamarina, un amuleto con forma de símbolo de paz hecho de plata u oro y la piedra sagrada de runa MANU.

PARA OBTENER SABIDURÍA Y FORTALECER LA MENTE: Llevar consigo una bolsa de amuletos fabricada con seda azul turquesa, consagrada en el nombre de la diosa Minerva o Atenea y rellenada con agave seco, una pieza de coral o de jade, el cascabel de una víbora y la piedra sagrada de runa SIGHEL.

PARA OBTENER VALENTÍA: Llevar una bolsa de amuletos consagrada y cargada fabricada con seda amarilla o dorada y rellenada (cuando la Luna esté en el signo de Leo) con hierba mullein (género Verbascum de la familia de las higueras), una gema amatista y la piedra sagrada de runa TYR.

LAS ARTES MÍSTICAS DE LA ADIVINACIÓN

La adivinación, expresada de manera muy sencilla, es el arte oculto de mirar en el futuro o en lo desconocido.

Este arte lo practican, de una u otra forma, la mayoría de las hechiceras y brujos wiccanos. Siempre ha sido una de las partes vitales del arte de la hechicería.

Antes de realizar cualquier tipo de magia siempre es sabio realizar una adivinación de algún tipo con el fin de saber si los resultados de la aplicación de la magia tendrá efectos positivos o negativos. Esto puede realizarse por medio del uso de una bola de cristal, un mazo de cartas del Tarot, velas de diversos colores, uso de piedras sagradas de runa o cualquier otro método particular que la hechicera o el brujo prefiera (es una manera ideal para impedir que, sin desearlo, se viole el lema wiccano).

Además de realizar una adivinación con fines de magia, este arte es una tradición del sabbat Samhain que practican la mayoría de los wiccanos que utilizan las piedras de runas o miran al interior de las bolas de cristal en esta noche, la más mística y mágica de todo el año.

La adivinación se divide en dos grandes categorías: la lectura e interpretación de augurios y presagios, además de cualquier forma de comunicación entre el ser humano y las entidades espirituales o seres divinos.

Es un arte fascinante y de gran antigüedad. Su práctica (tanto en el pasado como en el presente) es universal.

A lo largo de muchas épocas, las hechiceras, gitanas, chamanes, sacerdotes y sacerdotisas paganas, curanderos y profetas bíblicos desarrollaron infinidad de métodos de adivinación.

Sería prácticamente imposible extenderse en cada uno de los métodos en un único capítulo, por lo que se incluyen sólo aquellos que son los métodos más populares e interesantes de adivinación y que practican la mayoría de los wiccanos y hechiceras y brujos modernos: la tasografía (lectura de las hojas de té), la estolisomancia, la adivinación por medio de huevos, la adivinación con ayuda de un libro, la ceromancia, la geomancia, la discriminación, la hidatoscopia, la lectura de la bola de cristal, la adivinación de amor, la oniromancia (adivinación e interpretación profética de los sueños) y el uso de la tabla Ouija.

La adivinación con cartas del mazo de Tarot (también conocida como tarotología) quizá es el método número uno utilizado por la mayoría de los neopaganos. Sin embargo, elegimos dejar este método fuera del capítulo por las siguientes razones:

a) En promedio, un mazo de cartas del Tarot contiene 56 cartas del Arcano Menor y 22 del Arcano Mayor. Cada una de ellas tiene su significado adivinatorio al derecho y de cabeza. Además, la posición de la carta al tirarse, así como cada uno de los cuatro grupos de cartas del Arcano Menor (Espadas, Copas, Vara y Pentáculo), tienen un sentido único. Para complicar un poco más las cosas, existen numerosos métodos para leer el Tarot.

b) Es un sistema de adivinación muy complejo que no puede (y no debería) condensarse en algunas páginas, ni siquiera en un capítulo.

Por lo tanto, sentimos que las personas interesadas en aprender lo que debe saberse acerca de la tarotología lograrían mucho mejores beneficios estudiando varios libros completos que existen acerca de este tema.

La taseografía

La taseografía es el arte y la práctica de la adivinación por medio de la interpretación de los patrones simbólicos que dejan las hojas de té en una taza al terminar de bebérselo.

Si bien este método adivinatorio se asocia generalmente con las adivinas gitanas, la lectura de las hojas de té se remonta a miles de años en China, en donde se desarrolló hasta llegar a considerarse como un arte y una ciencia místicos.

Con un poco de imaginación y práctica, también cualquier persona puede leer las hojas de té para sí mismo o para otros. Para obtener los mejores resultados se recomienda utilizar té de China o una calidad de té excelente que contenga un mínimo de polvo de hojas de té. Además, debe asegurarse de no utilizar nunca una taza con el fondo interior decorado, y que sea de preferencia blanco.

Por cada taza de té que se vaya a leer, poner en una tetera una y media cucharaditas de hojas secas de té suelto (no debe utilizarse el té de bolsitas preparadas). Añadir agua hirviendo, remover con vigor y dejar que la tetera repose tapada durante tres minutos, antes de llenar las tazas. La persona a la que se le leerá la suerte debe beber la taza entera de té, hasta que no deje sino el líquido mínimo, suficiente para que se cubran las hojas de té del fondo.

Si se es diestro, tomar el asa de la taza con la mano izquierda. Si se es zurdo, utilizar la mano derecha (la razón de esto es que el lado izquierdo se considera el lado síquico de los diestros y viceversa en los zurdos). Con suavidad, hacer girar la taza y su contenido en círculos pequeños en el sentido de avance de las agujas del reloj. Hacer siete círculos y volver a colocar la taza en su plato.

Mirar al fondo de la taza. Relajarse y concentrarse en los patrones producidos por las hojas de té mojadas hasta que se determine qué forma simbólica formaron las mismas. Siempre esté alerta para detectar números, iniciales y/o símbolos astrológicos que tengan significado y que puedan aparecer en el fondo, en los costados o alrededor del patrón de diseño general, ya que con frecuencia tienen un papel importante en la interpretación de las hojas de té.

LO QUE SIGNIFICAN LOS SÍMBOLOS

ABANICO: Ésta es una indicación de que tiene un admirador secreto. Tenga cuidado de no dejarse involucrar en una relación amorosa secreta o se encontrará al final con infelicidad y vergüenza.

AEROPLANO: Viajes en el futuro cercano. Sin embargo, sería sabio cancelar el viaje si la imagen en forma de patrón de hojas está quebrado, ya que esto significa un accidente aéreo grave.

ANCLA: Se representa un viaje realizado en seguridad o el inicio de un proyecto o carrera profesional llenos de éxito.

Ángel: Pronto recibirá muy buenas noticias.

Anillo: Si el símbolo de anillo aparece en un costado de la taza indica que sucederá una ceremonia de matrimonio dentro de poco (busque iniciales, números o símbolos astrológicos significativos). Si el anillo aparece en el fondo de la taza, se pospondrá una formalización de relaciones o un matrimonio.

Anteojos: Prepárese a recibir una sorpresa en el cercano futuro. Tenga especial cuidado en asuntos de negocios.

Araña: Alguien cercano a usted está manteniendo algo secreto que le interesa.

Árbol: Este es uno de los símbolos favoritos que indican buena salud (tanto física como espiritual). Más de un árbol indica que un deseo de recibir algo práctico pronto se le realizará.

Arma de fuego: Es mejor para usted evitar las discusiones con amigos o familiares. Para los hombres y mujeres en servicio militar, el símbolo de un arma de fuego es una indicación de que entrará en servicio activo.

Arpa: Su futuro estará lleno de romance y alegría.

Automóvil: Esté preparado a enfrentar cambios súbitos en su derredor. Se predice que se dará una mudanza en el futuro cercano.

Ave: Es un símbolo de buena suerte, de recibir

dinero o de realizar un viaje en el futuro. Si sus alas están extendidas, indica un viaje aéreo. Si las alas están muy cerca una de la otra o se tocan, significa que tendrá amigos que viajen con usted.

BANDERA: Se verá forzado en una situación molesta en la que tendrá que defenderse. Prepárese para luchar porque lo que usted cree es lo correcto.

BARCO, BARCA O BOTE: Este símbolo significa que la persona tiene un fuerte o irresistible impulso para viajar. Igualmente, significa que está señalado un viaje en el cercano futuro. Si el símbolo aparece en un costado de la taza, cerca de su borde superior, prepararse para realizar un viaje inesperado que se relaciona con su hogar o sus negocios.

BOTELLA: Es una indicación de que existirá una enfermedad en el futuro. Asegúrese de estar alerta en su salud y prestar especial atención en todo lo que haga.

BÚHO: Se verá enfrentado a los problemas derivados de la enfermedad o muerte de un ser amado. Si aparecen también puntos o rayas, indica complicaciones financieras.

CADENA: Recibirá noticias de un matrimonio.

CALAVERA O CRÁNEO: Es un símbolo ominoso que generalmente indica muerte.

CAMA: Esto simboliza el deseo de dar descanso a los problemas. También puede significar que está buscando con demasiado empeño y que tiene necesidad de descanso y relajamiento.

CAMPANA: Habrá una boda en el futuro cercano para alguien que está muy cerca de usted emocionalmente. Busque iniciales, nombres o símbolos astrológicos que tengan significado.

CANASTA: Será el objeto de una agradable sorpresa. Si también están presentes puntos o rayas alrededor del símbolo principal, se indica que habrá un donativo o herencia en dinero.

CASTILLO: Recibirá una herencia.

CERDO: Éste es un símbolo de la buena suerte, la abundancia, los honores y la realización de muchas ambiciones.

CÍRCULO: Éste es un símbolo que siempre anticipa éxitos, ya sea en amores, en la carrera profesional o en asuntos de salud. Sin embargo, si aparecen cerca puntos y rayas o tocan al símbolo, ese éxito podría ser de corta duración o limitado.

CLEPSIDRA (RELOJ DE ARENA): Sería sabio tomarse su tiempo antes de lanzarse a asumir una decisión. Existe la posibilidad de peligro en el cercano futuro, por lo que es mejor pensarlo dos veces antes de emprender un plan o proyecto.

CORAZÓN: Una amistad o relación amorosa que se rompió se restaurará. El símbolo de un corazón también puede significar que una relación amorosa existente será más fuerte.

CORONA: Un poderoso o influyente amigo le ayudará a lograr el éxito, en especial en su lugar de trabajo. El símbolo de la corona también significa los más altos honores y alabanzas.

CRUZ: Éste es un signo de que la desgracia llegará a su vida. Es posible que sea necesario realizar algún tipo de sacrificio, pero a final de cuentas, todo será para lo mejor y benéfico. Si la cruz aparece dentro de un cuadrado, la desgracia podrá evitarse.

DAGA: Se topará con una situación de peligro. El símbolo de la daga también indica algún tipo de pérdida.

DRAGÓN: En su futuro está un cambio en un nuevo proyecto o en la carrera profesional.

ESCALERA: Éste es un símbolo de avance. Sus ambiciones lo llevarán a lugares muy elevados.

ESCOBA: Se presentarán pronto nuevos prospectos para usted.

ESCORPIÓN: Éste es un símbolo del deseo de mantener las cosas en secreto y de la desconfianza. Cuídese de los rivales celosos y de las situaciones potencialmente peligrosas. El símbolo del escorpión también puede representar a una persona nacida bajo ese signo.

ESPADA: Prepárese para manejar problemas

que surgen tanto en el hogar como en los negocios. Complicaciones de algún tipo interferirán temporalmente con sus planes y proyectos.

ESTRELLA: Éste es un símbolo de paz y de curación que indica un retorno al estado de perfecta salud, ya sea en lo físico o en lo mental. Sus problemas se verán resueltos y experimentará una sensación de renovación después de superar un periodo de grandes dificultades. Si la estrella aparece en un círculo, formando un pentagrama, es un augurio favorable (en especial para hechiceras y paganos). Sin embargo, si el pentagrama aparece invertido, significa que alguien le lanzó un conjuro o que está utilizando magia negra para que trabaje en su contra.

FLECHA: Se recibirá una carta o telegrama alarmante. Estará implicado dinero si aparecen puntos o rayas cerca del símbolo principal.

FLOR: Éste es un muy buen símbolo que indica amor y felicidad, a la vez que el cumplimiento de su más caro deseo. Para una persona soltera, divorciada o viuda, indica la posibilidad de una nueva relación amorosa.

GATO: Un buen amigo o un conocido se mostrará indigno de la confianza que le otorgó. Tenga cuidado en quién confía.

HACHA: Tener cuidado, amenaza un peligro.

HERRADURA: Éste es un signo obvio de la buena suerte, en especial para los jugadores que frecuentan las carreras de caballos o de perros. Busque iniciales o números significativos si va a apostar.

HOJAS DE ÁRBOLES O HIERBAS: Éste es un símbolo que significa esperanza renovada.

HORMIGAS: Se tendrán que superar muchas dificultades antes de que por fin se logre el objetivo buscado.

LÍNEAS: Las líneas rectas significan viajes. La indecisión y la frustración se presagian si las líneas son onduladas.

LUNA EN CRECIENTE: Para un hombre: pensarlo dos veces antes de actuar. Es importante evitar la prisa o lanzarse a tomar una decisión apresurada. Para una mujer: indicación de problemas en asuntos femeninos.

LLAVE: Existen nuevos intereses o nuevas oportunidades en su horizonte. Si se muestran dos llaves es una advertencia de que podría ser víctima de un asalto o que se saque ventaja de usted.

MANO: Un amigo comprensivo o conocido de negocios le ofrecerá ayuda.

MANZANA: Éste es un muy buen augurio. Sea lo que sea que esté buscando lograr, lo conseguirá.

MARIPOSA: Es un símbolo que representa felicidad, amor y belleza.

MARTILLO: El duro trabajo que ha estado realizando finalmente redituará en el futuro cercano.

MOLINO DE VIENTO: Éste es un símbolo importante que indica gran éxito en los negocios.

MURCIÉLAGO: Este símbolo indica que su vida pronto se verá complicada por las acciones de un enemigo o una autoridad superior. Si aparecen puntos y rayas cerca del símbolo, casi siempre significa que estará implicado en asuntos de dinero.

NUBES: Esté alerta: se preparan problemas en el futuro cercano.

NÚMEROS: Si bien los números habitualmente indican sólo el tiempo y se relacionan con otros símbolos dentro de los diseños de las hojas de té en la taza, cuando aparecen por sí mismos muy claros tienen significados específicos como los siguientes: el número uno, el inicio de un proyecto nuevo o el nacimiento de un niño o niña; el número dos, una renovación del hogar o un cambio de residencia en el futuro cercano, a la vez que significa también una relación amorosa; el número tres es el número de la magia, de la divinidad y del destino y se considera un número de buena suerte; el cuatro significa que se recibirán pronto noticias relacionadas con asuntos financieros; el número cinco, que se resolverá pronto un caso de litigio ante tribunales; el seis presagia una vida llena de armonía y equilibrio; el número siete tiene por significado que la buena suerte se encamina a su vida; el ocho señala que logrará la independencia que busca; el número nueve significa que existe el romance en las estrellas para usted; el 13 es de mala suerte y se le presentará en el futuro.

Oso: Éste es un símbolo de desgracias. Si aparecen cuadrados cerca o que toquen el símbolo, existirán grandes probabilidades de que la desgracia pueda impedirse.

Paraguas: Véase Sombrilla.

Perro: Este símbolo indica que un amigo necesita su ayuda. Si existen nubes cerca o tocando el símbolo del perro, tenga cuidado de enemigos de los cuales aún no sospecha.

Pez: Su futuro estará lleno de felicidad y buena salud. Si aparece un par de peces puede representar una persona nacida bajo el signo de Piscis.

Pipa: Es importante que mantenga la mente abierta a perspectivas y oportunidades en todo momento. Evitar los problemas y no dejarse involucrar en los de otras personas, o se arrepentirá al final.

Plátano: Es un augurio de buena suerte.

Portón: Encontrará una solución a un problema.

Puente: Se superará un obstáculo.

Puerta: Esté preparado para enfrentar algo insospechado y fuera de lo ordinario.

Pulpo: Tenga cuidado de las situaciones peligrosas del futuro. Sería prudente reconsiderar planes o proyectos pensados con demasiada prisa.

Rama de árbol: Creará una buena amistad con una persona que acaba de conocer o que conocerá en el futuro cercano.

Ramo de flores: Se pronostica un matrimonio bendito con felicidad. Si cerca del símbolo está un número, podría significar la cantidad de hijos que se tendrán o los años que el matrimonio durará.

Rana o sapo: Tendrá lugar un cambio drástico en su vida en el futuro muy cercano. Prepárese para un posible cambio de domicilio o profesional.

Reloj de arena: Ver Clepsidra.

Rueda: Éste es un símbolo que significa progreso. Si la rueda aparece cerca del borde de la taza, recibirá dinero que no esperaba o quizá un aumento de salario.

Sarcófago: Esté preparado para recibir noticias que le inquietarán. Un sarcófago es un augurio ominoso, con frecuencia indica la muerte de algún amigo o de pariente.

SERPIENTE: Tenga cuidado porque la serpiente simboliza a enemigos y desgracias de poca trascendencia. Si aparece dentro o cerca de un cuadrado, el problema se podrá evitar.

SERRUCHO O SIERRA: Este símbolo es una advertencia de que se le presentarán obstáculos en su camino. Alguien puede estar tratando de interferir con sus negocios o relaciones amorosas.

SOMBRERO: Se anuncia un matrimonio muy feliz si el símbolo del sombrero aparece en las hojas del fondo de la taza. Si aparece una parte en un lado de la taza, significa honores y alabanzas en el futuro, tanto para usted como para su familia.

SOMBRILLA O PARAGUAS: Una sombrilla o paraguas cerrado significa que temporalmente no tiene capacidad para poseer las cosas que desea. Una sombrilla o paraguas abierto significa que tiene un amigo que le ayudará en las situaciones difíciles que se le presenten.

TAZA O TARRO: Creará una amistad de mucha duración con alguien que encontró recientemente o que conocerá en el futuro cercano.

TIJERAS: Es un símbolo de mal augurio que indica dificultades de comunicación y entendimiento a consecuencias de una separación.

TORNADO: Tenga cuidado porque se presentarán pronto desastres y desgracias. Si aparecen puntos y rayas cerca del símbolo, se indican posibles dificultades económicas. Si aparecen cuadrados cerca o tocando el símbolo, se podrá evitar la mala fortuna vaticinada.

TORO: Es mejor evitar cualquier pleito. El símbolo del toro también puede representar a una persona nacida bajo el signo de Tauro.

TRÉBOL: La felicidad y la buena suerte se encaminan a usted.

TRIÁNGULO: Es el momento para empezar una nueva aventura, en especial si el símbolo aparece cerca del borde de la taza. Un triángulo de cabeza es un augurio de mala suerte.

ZORRO: Un amigo en quien confía o un asociado en negocios tratará de engañarlo de alguna manera.

Esta edición se imprimió en Noviembre de 2003. Acabados Editoriales
Tauro. Margarita No. 84 Col. Los Ángeles Iztapalapa. México, D. F.